가온문학회 11집

월요일의 달

도서출판 가온

살려고 무작정 섶으로 뛰어들기

가온문학회장 김우현

섶 사이 잠이 든 누에이고 싶다
잎나무나 물거리, 풋나무라
네 번 잠을 자지 않아도 좋다
번데기와 나방, 알까지가 나의 목표라면
두 번의 탈피에서 잠시 쉬어가도 좋다

나의 추상抽象 겨자씨 닮아
작디작은 견문각지見聞覺知
너에게로 보낼 때는
두 번 잠 추문醜文이라 홀대치 말고
가다 지친 멧부리의 그늘이라 생각하라

이다지도 더딘 여로
나 하나면 족할 터에
가온의 붉은 문혈文血 섶으로 뛰어들어
가는 실 뽑아내는 결기가 가상커니
행인의 의자인가 세상 다리 그 아닌가.

　　　　　　　　　　　　　－ 섶으로 뛰어들기

강나루에 안개 걸치면 가을인 줄 알아, 가까운 문인들의 안부를 묻고 급해지는 동인지 원고 마감일에 바쁜 척하다가도 속으로 웃으면서 '나는 참 행복한 사람!'이라 소리 한번 지르고야 만다. 저 건너 물안개야 실어증에 울든지 말든지.

　네 번의 잠을 마친 우리는 온누리의 아가페적 누에이기에, 탈피의 고뇌 속에 컴컴한 원형질 고립에 갇혔었다. 이 또한 지나가는 신목神木의 길이리라. 너와 나의 자유한 탈피의 순간마다에 질펀한 밤 호롱불 불만 밝더라.

　가온의 문우, 문사 여러분. 삼식三食의 포만감보다 더한 알곡으로 채워진 서책의 기쁨을 함께 누리고자 감히 청하나이다.

초대시

월간 《시문학》 시 천료·계간 『예술계』 문학비평 당선 등단.
26년간 대학·대학원에서 문학론, 서울시인학교' 책임교수.
시집 : 『고비에서 타클라마칸 사막까지』
　　　『오스트랄로피테쿠스의 노래』
비평집: 『한국 현대시의 정신논리』『윤동주의 마음을 읽다』외 多
제17회 중앙대문학상, 제37회 시문학상 수상,
제8회 한국문학인상 외 수상.

조명제

《시인정신》으로 등단.
한국NGO신문 신춘문예 운영위원장 역임.
가온문학회 고문
시집 : 『침묵의 칼날』『광야의 굶주린 사자처럼』
『바람난 계절』 외
수상 : 현대시인 작품상. 자유문학상, 조연현 문학상 외

안재찬

《믿음의 문학》으로 등단
한국문인협회, 국제PEN한국본부 이사
한국NGO신문 신춘문예 운영위원장
문학신문사문학연수원, 가온문학시창작교실 등 시창작 강사
제5회 전영택문학상, 제36회 시문학상 등 수상
시집: 『왕릉』『고라실의 안과 밖』『천관녀의 달』등 22권
평론집: 『언어의 광합성, 창의적 언어』,
시평집: 『시의 향기를 찾아서』

이오장

《현대문학》으로 등단
가온문학회 고문
시집 : 『홀로서기』외 다수
수상 : 한국문협작가상(2012)

서정윤

강기옥

《문학공간》으로 등단
한국문인협회 문학유적탐사연구위원장.
한국문인협회회 서울시지회, 국제PEN한국본부 이사.
계간 《가온문학》 편집인, 월간 《아트앤씨》 편집주간.
시사앤피플 미래일보 논설위원, 국사편찬위원회 사료조사위원.
서초문화대학 교수, 서초문인협회 명예회장
문화칼럼집 『칼을 가는 남자』 외 평론집 시집 등 다수

김해빈

월간 《시문학》으로 등단
한국현대시인협회 이사
한국NGO신문-신춘문예, 수주문학제 운영위원
부천문인회 회장, 계간 《가온문학》 편집주간
한국현대시작품상, 푸른시학상, 박종화문학상 등 수상
시집 : 『저녁을 하역하다』 등 6권

김정현

계간 《지구문학》으로 등단,
계간 《가온문학》 발행인
시집 : 『둥근 달 허리를 묶고』 외 5권
동시집 : 『눈 크게 뜨고 내 말 들어볼래』
그림동화 : 『키가 쑥쑥 마음도 쑥쑥』
산문집 : 『수수한 흔적』
수상 : 서전문학상, 방촌문학상, 서초문학상.

초대시

가을 해당화

조명제

새의 문법을 이해하지 못한
기차는 바닷가 모래밭에서 멎어버렸다
카키색 스카프의 바람을 일으키며
풀밭을 질러간 여인은 간이역을 지나
부러진 수평선을 널어 말리고 있었다
철자綴字들의 울음을 마저 해독하지 못한
바다의 뼈는 모래언덕의 무덤들이 되었다
흰모래 해변의 가을 해당화海棠花,
쓸쓸하다라고 쓰고, 나는
슬픔의 단위를 몇 겹의 향기로 읽는다
오두막집 작은 툇마루의 한 권 책
바람은 몇 페이지 책장을 접었다 펴고,
사립 앞에는 죽은 물새가 조각달을 품고 있었다
여인은 죽은 시詩의 날개에 물을 뿌려 주고
바다의 문을 열고 수궁으로 들어가고 있었다
해당화 빛 암호로 기차가 깨어난다면
죽은 물새는 구름의 문장으로 피어날까

안재찬

찰나의 고문, 썰매를 타다

찰나의 고문이다
뒤따라 올 마누라가 소식을 끊었다
십 분이 지나고 이십 분이 지나도
죽어서나 헤어질 서녘길 동반자
백 년 맹세는 어디로 갔을까
돌아오지 않는다
(난 어떡해, 난 어떡해)
인내는 임계점을 넘어
울 수도 없고 몸부림칠 수도 없어 골똘해지는
벼랑 끝에선 아득한 시간
세상 두려움 모르는 앞뒤 가리지 않고
질주만 뽐내며 깔깔거리는
철부지 아이들 때문에 관광길 가로막힌
센토사* 루지(Luge) 스카이 라이드
굽이굽이 돌고 도는 시멘트로 포장한 내리막길
썰매로 달리다가 벼락치기 이산가족 되어
길들여지지 않은 고통을 학습한
오달진 추억거리 하나 — 심장에 심어 놓았다

*싱가포르 외곽지에 소재한 섬

8

망오지의 화장법

이오장

내 것인데 내 것이 아닌
남에게 앞세우는 얼굴
생김새와 색깔로 자신을 보여준다
생긴 모습에 따라 평가를 받고
뿜어내는 빛으로 나뉘는 호불호
생긴 만큼으로 불리는 이름
태풍을 타고 달린다
하얀빛 얼굴은 양반
검붉게 탄 얼굴은 상놈
빛깔로 나눈 계급의 차이에서
권세와 복종의 신분이 가려진 건
과거와 현재가 다르지 않은 세상
조선 여인 망오지의 화장법은
온갖 술수를 더하여 권세가를 놀렸다
군역을 조작하고 관복을 바꾼 지략은
한 시대를 농락한 희대의 요술이었다
사람은 변하지 않지
온갖 치장으로 활보하는 얼굴 변형이
그때와 한 치도 다르지 않다
범람하는 그루밍족의 출몰에
거리가 요란한 지금 그때와 무엇이 다른가
내 얼굴을 마음대로 하지 못하고
거리의 눈치를 보는 못난 사람들아
얼굴은 분명 그대 것이다

서정윤

시간의 강을

노을도 상처가 있다, 한 생을 살아내기에
치이고 찢긴 걸음들
아닌 척 고개 쳐들고
가진 최고의 미모를 펼쳐 웃고 서있지만
사랑이 깊으면 상처도 깊어
쉽게 사라지지 않는다

태어나면서 잃어버린 것이 있나 보다
50년 60년을 살아도
채워지지 않는 무엇이 있다
물론 아닌 척
당당하게 잘 사는 것처럼 행동하지만
나만은 알 수 있는 그 허전함
달빛으로 채워도
별빛으로 채워도 다음날 눈을 뜨면
허물어지는 고집의 허무
인간에게서는 채울 수 없고
채워질 수도 없는 공간
나무도 구름도 바다도 처연히 잘 사는데
나만 그 강을 건너기 힘겹다

피흘리는 노을이 더 아름다운 날

말이 필요없는 인간의 숲 언덕에서
"그래 네가 하고 싶은대로 해라"고
말할 수 있으면 얼마나 좋겠는가
가을에 꽃이 지고 봄이면
봄이 되면 또 다른 꽃이 핀다는 걸
인정한다

강기옥

천수재* 학당
— 땡볕 문해교실

천수재 창 넘어 널찍한 뜨락에
슬근히 휘장으로 덮쳐 오는 온열
혼곤히 잠든 그늘이
곁눈질 슬금슬금 땡볕으로 밀려난다.

하늘 담은 풋감마저 지쳐 떨어져
숲새에 육젓으로 으깨지는 한낮
갑작스레 긴 세월의 속 깊은 울음이
왜장치며 정원을 흔들어 댄다

왜 나를 가르치지 않았나요
왜왜왜왜 왜왜 왜—
왜 내 긴 세월을 어둡게 살게 했나요
왜왜왜왜 왜— 푸르

마디 마디 온몸으로 외쳐댄 통곡
갑작스런 한풀이로 학당을 열었다.
미음 미음 미음 미음 —
시옷 시옷 시옷 시옷 —

능력에 따라 저마다 진도도 다르게
네 박자로 끊어 이은 낭송의 외침
뱃속 기운까지 쏟아낸 학습에
문해학당의 열기가 더해 가는데

매앰 매앰 매앰 맴
매앰 매앰 맴 푸르―
공부에 진력난 꾀돌이 녀석
고추 먹고 맴맴 타령인가

목청까지 다듬어진 낭송 열기에
천수재 뜨락은 귀가 아프다

* 천수재 · 필자의 서재

한숨

김해빈

방문에 끈적이며 달라붙는 소멸의 기척들
너와의 부재가 아님을 알리는 건
미세한 숨소리뿐
시간을 지워버린 문밖은 과부하로 치닫는데
비아냥거리며 날아다니는 무관심 앞에
주변을 서성거리던 발걸음 멈춘 지 오래
이젠 너와 눈 마주치지 않을래
변명은 않기로 하자
전파를 타고 온 정보춘추전국시대
소통을 위한 소통이 반기를 들면
소멸의 시효도 끝인가
무표정의 웰시코기가 의자 옆에 엎드린다
시위라고는 해본 적 없는 눈치다
컴퓨터 자판의 타수를 잊은 채
3년째 자라목 하고 달나라에 교신 중인 그녀
미동 없는 사고는 상습적인 집념이다
무엇을 업그레이드하려는지
지쳐가는 외면 향해 가파른 등고선 그어지고
이중적인 잣대만 길어졌지
등줄기 타고 내리는 날카로운 응시의 눈초리
그건 별 볼 일 없는 너의 오만이라며
엎드린 코기가 긴 한숨을 내뱉는다
너와 나 이질적인 대립의 무게 천만근이다

욕심

김정현

세월의 기력이 빠져나간 지금
이태리에서 사 온 명품 가죽백을 내려놓게 했다
천으로 만든 에코백 가볍게 들고
발걸음 경쾌하게 찍는다

어디선가 욕심의 씨앗이 날아와 머릿속에 뿌리 내렸다
파란 에코백이 쇳덩이보다 점점 무거워졌다

묵직한 백 비우지 못한 채
여름 볕 이고 걸으면 등골에 누수가 생길까
땀방울 주르륵 흐른다

열풍이 스쳐 지나도
내려놓을 생각은 없는 욕심 덩어리

횡단보도에 싸이클 붙잡고 서있다가 이글이글
뙤약볕으로 익힐 듯 달려오는 저 남자
빨갛게 달아오른 저 남자

신호등은 아직 적색이다

목차

1

고연주

권희경

김기수

2

김대선

김우현

류시정

3

박공수

박두원

박영숙

4

박치준

백도연

백옥선

5

6

오병옥

위성유

유재원

7

8

9

수필

대한문학세계 시 부문 신인문학상 수상
(사)창작문학예술인협회 회원
대한문인협회 인천지회 기획차장, 가온문학회 사무국장
시집 『사랑하니까』 『아파도 괜찮아』

고연주

《문예한국》으로 등단
숨, 동률, 탈, 해바라기 동인 회장
(사) 한국문인협회 회원
태양기업 대표

권희경

충북 영동 출생
가온문학회 회장 역임, 플러스코리아 타임즈 詩 연재
시집 『별은 시가 되고, 시는 별이 되고』 『북극성 가는 길』
『별바라기』
공저 『바람이 분다』 『꽃들의 붉은 말』 외 다수

김기수

폭포 외 4편

고연주

떠미는 채찍
절박함이 내려다보이는 곳

되돌아 가고픔의 거추장을 벗어 자유를 찾아
우물의 고인 물로 섞어지지 않기 위해

연병장 벼랑에 물방울들이
시퍼런 비명을 지르며
뛰어내린다

멀리서 바라본 바다를 향해
바닥이 깊어지기 위해
만년 청춘 나를 던졌다
산이 쪼개지듯
조각조각으로 모아졌다

강을 향한 질주는 작은
소란으로 모여 수심 많은 물이었다
바다에 다다르니
수심 깊은 물이었다

까치밥

여름날 햇살을 품고
장대비에 울고 태풍에 흔들렸던 시간
어느새 노을빛을 닮아졌다

바빴던 손길이 지난 흔적
밥솥에 김이 피지 않았는데
찬밥 한 덩이로 매달려 달콤한 밥이 된다

때도 없이 찾아든 너를 위해
노모는 나뭇잎 떨구며
밥은 먹고 다니냐고 안부를 묻는다

끝없는 염려는 머리에 눈이 쌓이며 멀어졌다
멀어졌지만,
마음까지 끊어진 건 아니었다
뿌리가 줄기로 끊임 없이 물을 흘려보낸다는 걸
까치밥이 되고서야 알았다

밥은 먹었냐는 소리 떠올릴 때마다
볼은 더 붉어지고
어머니 얼굴은 홍시로 따듯하게 기억된다

바늘

나는 차가운 사람이죠

뾰족해서
누군가를 찌르는 것이 제 모습이에요
그렇다고 찌르는 게 다 나쁜 걸까요
서로를 촘촘하게 이어준다 생각할 순 없나요

제가 없으면 무엇으로 상처를 꿰맬까요

누구는 저를 빗대 바늘방석을 말하지만
저는 옷을 날아다니는 나비지요

제 날갯짓에
꽃들은 더 꽃다워지고
색들은 더 화려해지니까요

어떤 이가 상처 주는 말을 좋아하겠어요
그렇다고 다 나쁘지만은 않을 거예요

상처를 통해 더 단단한 피부를 갖게 되듯
수천 번의 상처로 한 벌 옷이 완성되듯

저는 여러분들께
상처를 통한 위로가 되고 싶어요

저울

무게를 달 때마다
꿈과 현실의 숫자는 다르다고 깨닫는다

영의 초점을 고집할 때 겸손한 얼굴이 되지만
깊이보다 크기에 초점을 두면 감정의 높낮이에
나는 흔들린다

기대치 숫자와 현실의 다른 무게에
서로의 목소리는 커지고 아쉬움의 간극은 벌어진다
욕심은 무게 없는 구름의 무게도 손에서
놓지 않는다

무게의 소문은 공공연한 비밀

나와 당신의 희망의 무게는 다르고
기울기의 숫자가 필요할 뿐 과정은 온데간데없다

지나간 오류의 무게는
기억 이전의 경계를 허물 때 제 무게를 갖고
비울 때 비로소 무념무상의 중심에서 오차를 벗어난다

오늘도 나는 수시로 초점이 흔들린다

소리의 주름

겨울 파도

당신 말에는 주름이 깊다
수위를 넘나드는 파도
말은 물러설 생각이 없다
말 위에 말이 덮치고
끝없이 상처에 소금을 뿌리는 말

거센 바람에 말은 높이를 더한다
몸의 가슴께를 파헤치면
빈 만큼 마음은 더 낮아진다
스스로 주름을 만들고 주름에 갇힌 파도,
마음을 덮치고 미래까지 덮친다

모래는 무덤덤하게 제 속을 내어준다
속절없이 무너지는 모래 위의 집
허물어져도 다시 쌓는다

자 유 Ⅱ 외 4편

권희경

눈부신 장벽
하나에서 땅 끝마디
온몸을 휘감으며 용트림을 한다
남해안 무인도 뒤쪽, 손이 닿지 않는 밀실에서
한 움큼 숏는 숨 머금고
물바람 가느다란 기지개 비켜설 때
자유를 한아름 훔치어 모는다
두 눈이 위에서 아래로 껌벅이면
한 마리 아래에서 위로 신호한다
마주 보며 옛정을 나누노라면
고향이 초라하고 옛정이 비좁네
다정한 친구 옆에 있고
그리운 님 얼굴 보여도
눈망울은 작아져 하나의 은방울이 된다
태양이 낮잠을 청하니
투명의 어둠이 무지개 장벽에 휘감기며
적막감이 춤을 추네

8146번 – 투명인간들

3시 50분이라는 시간은
시계가 멈춘 뒤에 만 존재한다
상계동의 잠은 도로 위에 흘러가고
첫 버스를 타고 무명의 이름들이
강남을 향해 밀려든다

8146, 숫자는 부호인가, 암호인가
경계는 경기도에 있고 서울은 도착지
오늘도 버스를 탄다, 현실 – 꿈속에서
희망과 생계가 싸우는 진동 위에서

유니폼 입은 아저씨는 묻는다
"출근은 삶의 일부인가, 전체인가?"
"안녕하세요"라는 말 사이에
빚진 마음을 놓는다

강남에 다다르자마자
투명 인간들이 모두 내린다
그들의 눈 빛은 명함보다 얇고
지문보다 정확하다

투명한 유리창 넘어

서울은 깨끗하고, 안전하다
이 사람들 하루를
닦고 닦고 닦아놓기 때문이다

8146번은
무지갯빛으로 출근하는
한 사회의 톱니바퀴를 실어 나르는
순례자의 바퀴다

리본

한 마리의 파란 나비가
길을 헤매다가
검은 꽃가루에 미끄러진다

날개깃에 자유를 가다듬고
창공에 올라 난초 가지를 휘감으며
열린 가슴을 마구 들이킨다

소녀의 눈가에
흰 별이
파도를 탄다

삶은

이제 삶은
희망과 즐거움 그 자체로 오지 않을 것이다
삶은 이제
고통과 그리움으로 올 것이다
이제 삶은
달콤한 속삭임으로 오지 않을 것이다
삶은 이제
눈물과 고통 속에 피는 꽃
저 피 빛 꽃 떨기 아픔으로 올 것이다
이제 삶은
언제인가는 쳐다볼 짙푸른 하늘의
섬뜩한 맨살의 아픔 그 자체로 올 것이다

해커(HACKER)

바람이 스치는 곳마다
지문이 솟아 있다

지하 계단 굴곡된
통로를 내려가면
10개의 지문이 그를 기다린다

가장 비밀스런 곳
만능의 키를 열고 들어가면
(잭) 선장이 숨겨둔 동굴 속 비밀
쌓인 먼지 속 빛나는 황금 광채

동맥의 고속도로는 뇌세포 속에 닿아 있고
심장 속 맥박 수를 세어 본다
돌고 돌아 숨겨진 비밀을 발끝까지 벗긴다

적 신호 속을 달리는 이들

쫓는 수사망의 사선의 그믈
온몸이 흠뻑 젖고
산과 강 넘어 지하 터널로 되돌아온다

숨소리 잠재우며 누워 있다
당신의 비밀 문 No:X

마누라의 힘 외 4편

김기수

급여통장으로
월급이 입장하였다
난 카드 할부도 없고
보험금도 없고
자동납부도 없고
국가도 일절 가져갈 수가 없다

마누라가 몽땅 가져갔다
종잣돈처럼 우수리만 남기고

어머니의 애인

어머니, 시린 무릎으로
애인 요양원엔 다녀오셨는지요?

블라인드 사이로 비집고 들어오는
몇 가닥 햇살이
아버지의 등뼈를 입체로 휘어냅니다
하현은 명월에도 차오른다는데
어머니의 애인은 초승처럼 휘어만 가네요

어머니, 시린 무릎으로
홀로서기를 준비하시는지요?

새소리 가늘게 하늘을 가르고
여윈 낮달이 허옇게 떠가네요
좋아하는 술상 차려 놓았는데요
딱 한 잔만 더하고 가시지요

어머니, 시린 무릎으로
갈라진 하늘을 껴안습니다
제다 그런 거라지요.

일탈

바람처럼 일탈이고 싶다

성공하지 않아도 좋고
서울은 모로 가도 되고 약속 시간에 늦어도 좋다
구부러진 이랑에서 이탈한 무청이 좋고
방금 핀 꽃보다 지고 떨어진 꽃잎에 눈길이 더 가더라
벌목된 동네 민둥산도 처녀 가슴처럼 볼품이 있고
비탈밭 구석에 출처 모를 개똥참외가 좋고
연중 휴가는 바둥바둥 떠나지 말고
심심한 건강식 반찬보다 맵고 짠 붉은 찌개가 좋다
결혼은 악착같이 백년해로를 안 해도 되고
속세에 살든 산속에 살든 전부가 고독이어도 좋다
언뜻 내 나이를 기억 못 해도 좋고
빨강 신호등은 슬쩍 지나가고
할머니 제삿날은 그냥 건너가고
처자식의 생일을 훌쩍 건너가도 좋다
혼자된 늙은이가 재혼, 삼혼이어도 되고
굳이 국가에 혼인신고 없이 살아도 좋다
늙어 가는 것을 봄의 꽃이라 하며 기뻐할 일이고
나에게 지난 십 년을 돌려 주지 않아도 좋다

삶과 죽음은 바람이라
국경선과 밭이랑을 구분하지 않는 바람
바람처럼 일탈이 좋다

섬초롱

매서운 서릿발 어두움 끝에서
生涯의 운명을 겹도록이었다지요

새악시 꽃가마 서낭당 넘는 길에
청사초롱 고옵게 하얀 불 밝혔다지요

그토록 궁금하던 너만의 비밀은
오늘 밤 내게서 초롱 치마로 피었다지요

삼백예순날 제곱 날을 잊지 못하리
초롱 심지 生涯를 하얗게 태웠다지요

뫼비우스 띠

　왔던 길로 돌아갈 수 없다 처음의 나에게로 돌아갈 수 없다 출발점을 찾지 못한 다는 것은 이론상 상식의 위반이지만 저의 길을 다시 갈 수 없는 건 우주의 규칙상 공평하기 위함이다 빛이 물리적 절대 기준이라면 공평은 인간에게 절대적 기준이다 시작이 끝이고 끝이 시작이라는 이런 모순을 가진 진리를 증명하기 위하여 나를 탄생시키고 이를 예로 들어 폐회로의 띠를 마련한 것이다 어디에서 시작해도 좋은 것이고 어디에서 끝이 나도 공평한 것임을 모순을 통하여 진리를 말하려니……,

　이만 갈음한다

2

전북 군산 출신
2019년 계간 『가온문학』 시 당선 등단. 현 가온문학회 이사
수상 : 제49회 어버이날 기념 가족사랑효 대상수상
윤동주 탄생 106주년 기념 우수상

김대선

충남 부여 출생.
시인. 장승조각가. 호는 林川, 郎相齋.
한국현대시 작품상, 서초문학상 외 다수.
가온문학회 회장, 서초문협 부회장.
시집, 장시 『익명의 그늘』 외 4권.

김우현

계간 《서울문학》 신인상
한국문인협회 문학유적탐사위원회 위원
서초문인협회, 가온문학회 부회장
시집 『당신을 기억해 내고』 『유리구슬』

류시정

가면 외 4편

김대선

그곳에 가면 낯이 두꺼워야 한다고
땅이 뒤틀려도 바퀴벌레 마냥 꿋꿋하다고
빛이 바뀔 때마다 카멜레온처럼
새로운 옷으로 갈아입고 활보해도 되니까

—신神마저 너와 함께 있고 싶어 하잖니
—너의 매력에 호흡마저도 달아날 수가 없으니

그 누구도 웃음과 울음의 차이를 가르쳐 주지 않았어
마치 진짜인 척했어
숱한 말을 들려주어도
먼 곳의 지도처럼 흐릿할 뿐이니까

벗어야 한다고 끝없이 되뇌어도
돌아서면 이내 뒤집어쓰고 있어

천둥소리가 새처럼 날아다녀도
너는 귀를 닫았고
쏟아지는 비 사이에서 멈춰도
너는 젖지 않으니까

올곧게 걷고 있다고 생각하는 너의 얼굴
비굴함 속에 뻣뻣함이

그곳은 빛바랜 회색이 그림을 그리고 있다

그늘의 세대

그곳을 명당이라고 했다
앞마당에 내려온 햇빛이
하루 종일 자치기를 할 수 있고
별들은 공놀이하기 좋은 곳이라고 했다
—자주 오겠습니다
뒤꿈치가 훈훈했다

산소에서 해마다 풀을 깎던 삼촌
할아버지 찾아 먼 길 떠났다
봉분 위에서
아까시나무는 그림자 모아놓고
날마다 자리게임을 하고 있었다
뒤꿈치가 화끈거렸다

산비탈마다 납골당이 들어서는 시대
염치를 떼어놓고
묘를 헐었다

뼈를 감싸고 있는 것은 나일론이었다
한산 삼베라 몇 배 더 주고 샀다며
아내는 못마땅한 듯 손톱을 뜯고 있다
납골당에 모셨다
뒤꿈치가 갈라지고 있다

불면증

당신은 구겨진 나의 마음을
왜 보고 싶어 하나요

다려주려고 하는지요
그러나 아픔은 펴지지 않아요

밤마다
꼬리에 꼬리를 무는
개미 이야기가
흰개미 탑처럼 베갯머리에 쌓여 있습니다

흔들거리는 밤 때문에 하루가 긴장합니다

잠의 시간이 바위에 부서지는 것은
내일에게
서성이라는 신호를 보내고 있는 것이겠죠

서성임 안에는
알차지 못한
어둠의 알갱이들이 들떠 있네요

깊은 잠은 어찌하여 자리 잡지 못하나요
멈출 줄 모르는 바람처럼

탁본

마을 모퉁이를 지키고 있는 비석
반겨줄 사람 없어 눈을 감았다
할 이야기는 노루발 같지만 입도 묵혔다
위태롭게,
삐걱거리는 글만 매달려 있다

느슨한 바람, 세상 소식을 속삭여도
세찬 비가 할퀴어도
묵묵한 척
흐릿한 나의 눈은 허공을 향했다

잃어버린 시간도
말라 별이 된 햇볕도
잠들고 이끼만 글을 쓰다듬고 있다

철거되는 마을 모퉁이,
길 잃은 뱁새 한 마리 날아와
땅바닥이 거울인 듯
발자국을 연신 진흙탕에 찍으며
날개를 퍼덕인다

사랑은 눈을 아프게 한다

노을이 와서 창문을 두드린다
허기진 가슴
유리창에 붙은 수천 겹의 색에서
너를 찾는다

변하면서 자라는
색에도 속도가 있다는 것을 왜 몰랐을까

다리에 매달린 풀
내가 바라는 것은 네가 아니라고
바지를 움켜쥔 풀 떼어놓아도 따라나선다

초록을 물고 온 물방울이
나의 안에서 자라고 있는 마른 색 가리키며
배시시 웃는다

연분홍색 따라온 제비의
날개 뒤져도 보이지 않는
사랑
숲에서 자란다고
한 움큼 싹둑 잘라 삶으면
너는 환하게 웃을까

눈 밝혀 바라보아도
끝내 떠나고야 마는 너

김우현

소쩍새는 혼자 울지 않았다 외 4편

풀이 눕고 한참을 지나서야
소쩍새는 울음을 터뜨렸다
먹먹하여 차라리 청려한
그의 여음餘音에서 풀냄새가 났다

밤빛 사이 녹혈綠血을 쏟아낼 때
나는 나의 컴컴한 뒷산을 바라보았다

서로는 울지 마라, 울지 마라
정든 나의 나를 어이할까

마지막일 마지막 날에
떠나야 하는
떠나보내야 하는 모진 삶들이
폐교廢校의 바람처럼 흔들리고 있었다

벚꽃 구경

꽃이 지기 전
청평호는 아름다운가
어머니 얼굴 닮은
백치의 저녁 검버섯
차마 꽃길이 아니어든
올해가 마지막이 아니어든
어둑어둑 중미산을 넘는다
조급한 좁은 길 여로의 끝자락에서
나는 무엇을 보았으며
무엇을 기도하는가
배냇속울음
북한강가 헤매일 때
낙화는 아닐 텐데
꽃을 삼킨 어둠이어

무진 강가에는

강마을 이쪽 저쪽에
나팔꽃이 피었습니다
닭의장풀 피었습니다
저마다 빙 둘러서
자주, 자주, 자주
누군가 버리고 간 예쁜 푸념입니다
누군가 버리고 간 아픈 것들입니다
누군가는 그리울 것 같은
그 누군가에 의해
물안개 불여가며 강가에 피었습니다
풀어진 강바람은 이녁의 몸짓일까요
회한의 시간일까요
석삼년 멍을 안고 깨금발로 섰습니다

호올로 가는 길에
마타리꽃 피었습니다.

그녀는 오늘도 풀밭을 헤맨다

그녀는 오늘도 풀밭을 헤맨다
거무충충 풀 진을 물들여
깊이를 알 수 없는
끈적이는 몸부림을 한다

그녀는 풀밭을 헤쳐 나올 수가 없다
풀의 진액을 빨아들이는
헤진 가슴살 설핏 희었다 검어진다
그러다 바람을 만나면
스러져 풀벌레가 된다

다음날에도 그다음 날에도
그녀를 풀밭에서 보았다
풀밭 허공중에 하늘거리는
물빛 든 애수의 멍

흑구름 소서를 넘지 못하는
지상의 모두를 쓸어 갈
하늘의 기세가 거세다

날지 못한, 영원히 날지 못할 그녀는
풀밭으로 누웠다
예의 닭똥 같은 눈물에
고즈넉이 울던 그녀를
이후에도 여러 번 보았다

노을 심기

잃은 것은 무엇이며 얻은 것은 무엇인지

그대 노을에 앉았을 때에
그대를 그대라 부른 자는 밤을 준비했었지
치렁한 머릿결에
숨듯 매달리다가
벼랑처럼 떨어져 내렸지

노을빛에 녹아든 노을이었을
그대를 노을이라 부르지 못한 자는
야차의 수렁에 갇히었고
고운 눈에 물기 어렸을 때에
미처 죽지 못한 나는 송장이었던 게지

끝내는 그대가 그대의 향기를 풀어놓지 않았기에
밤을 길어
한두 잎 꽃이 피는 나무를 심었겠지

그것이 눈길을 걸어온 수선화였는지는
아 ─ 나는 몰라.

빨래 1 외 4편

류시정

문명의 통 속에서
삶의 의지를 풀어놓고
씻기고 닦일래요

내 안에 찌든 세속의 먼지를
팡팡 두드리고 털어서
부신 태양을 맞이할래요

멱살과 허리춤을
콱콱 잡히고 매달려서라도
먼 곳을 바라볼래요

팔과 다리 허우적거려
바람 한쪽이라도 붙잡아
널려있는 꿈 자락을 잡아볼래요

당신에게 1

당신은
내 삶의 버팀목

당신 있어 내 즐거움 있고
바람막이 되어주는
당신 있어
내 삶이 행복함을

태양빛 먹고
커가는 나는 해바라기
담장 너머도 보여요

태양 따라 살아가는
나 그대 해바라기
꽃피워 열매 맺을
나는 태양을 바라보며

친구 1

만개한 동백꽃 속에서
친구들의 얼굴이 있다

호롱불 같은 추억이
횃불처럼 타오른다

낙엽 따라
바스락거리는 즐거움

촛불 밝히고
중학교 시험 준비하던

그 교실의
그 교탁 주변

그 시절의 친구들과
선생님은 얼마나 변했을지

설레는 가슴으로
모든 것이 궁금하기만 한데

벽

보이지 않는 것은
그대로 방치해야 하는가

벽 너머에 있는 그것은
자꾸만 호기심을 자극하는데

그것을 찾아야 하는가
벽을 넘어야 하는가

아름다운 역사와
살아 숨 쉬는 것들을 만나기 위해

나는 조용히
등불을 밝힌다

촛불 2

부대끼며 열받는 일들이
나를 태우는 이유입니다

내심에 지핀 불꽃들이
세상을 이긴 열매입니다

나를 버린 희생으로
세상이 밝아

바닷가 섬들도
허리를 드러내는 날

물결이 돌아와 춤을 춥니다
촛불로 밝힌 아름다움입니다

어둠이 깊은 세상일수록
태워야 할 이유도 깊어집니다

3

《문예운동》 시 등단.
한국문인협회
안양문협회원. 가온문학회 상임이사.
가온문학상 수상.
시집 『대륙의 손잡이』 『달북』 공저 다수

박공수

계간 《가온문학》 수필등단
글길문학동인회 동인,
안양문인협회 회원
조일광고 Copy부문 신인상,
관악백일장 詩 부문입상

박두원

계간 《가온문학》 시 신인상
광주문인협회 회원
가온문학회 회원

박영숙

수퍼빈 네프론* 외 4편

박공수

노송공원에 페트병을 먹는 놈이 있다고 해서
어제 마눙을 한 번 따라가 봤다
그놈은 라벨 떼고 속이 깨끗한 페트병만 받아먹고
하나에 십 원씩을 적립해 준다
마눙이 시키는 대로 나도 한 번 먹여 봤다
빠득 빠드득 페트병을 힘겹게 씹는 돌고래 울음소리가 났다
맘에 안 든 건 뱉기도 했다

오늘도 마눙은 페트병을 엄청 주워 왔다
어디서 그 많은 걸 주웠는지 참 용타
라벨 떼기 힘들고 더러운 건 모아서 밖에 버리란다
분리수거장 저만치에서 담배 한 대를 피우고 뒤돌아보니
내가 버렸던 걸 누군가 뒤지고 있다
거기서 또 뭘 쓸 게 있다고…
자세히 보니 아기를 업었다 칭얼거린다

*네프론＝자원재활용 무인회수로봇

59

전동킥보드

그놈과 부딪혔다
내 안전은 묻지도 않고 삐삐삐삐
'도난방지기가 설치되어 있습니다' 삐삐삐삑
도둑놈 취급당한 내 정신이 넘어진다
겨우 중심 잡고 그놈을 얼른 세워준다
그때서야 조용하다
나 원 참!
네놈이 날 도둑놈 취급했겠다?
사방을 둘러보니 인적은 없고
고양이 한 마리가 못 본 체하며 지나간다
하얀 달이 밤을 지새우며 웃고 있다
생각컨데 CCTV가 여기저기 있을 터
저나 나나 감시받고 있는 건 매 일반일 텐데
나만 감시받은 기분이다
땅속에 들어가야 감시가 없을래나?
삐삑 소리와 도난방지기 어쩌구저쩌구
하는 바람에 내 잠시 놀랬었다
오래도록 뇌리에 얼럭질 일이다

일일초

일일의 허섭스레기를 무심히 갖다 버리고
화단 가의 구석진 곳을 거닐며
오늘 버려진 꽃 한 송이를 생각한다
담배 연기를 내뿜어
일일의 피로를 허공에 맡긴다

해거름인데도 화단의 일일초는 더 광이 나고
정수리에 분홍 꽃을 보자기처럼 펼쳐 놓는다.

내 어릴 적 엄마는 거의 매일 아랫마을로 내려가
뉘 집인가의 일을 해 주고 어스름 저녁에야 집에 오셨다
오실 땐 어김없이 머리에 분홍 보자기를 이고 오셨다
그 보자기를 풀면
과일, 과자, 지짐이 등이 떡과 버무려지고 있었다
그것들은 다 우리들 뱃속을 나와 텃밭의 거름이 되었다

즐거운 추억 일일초는 一日草가 아니라 日日草다
나날의 바람을 잘 넘기며 매일매일 내게
미소를 주며 살아간다
평생 정수리가 닳도록 이고 오가시던 어머니
그 어머니 머리의 분홍 보따리가 생각나는 날
쎈 바람이 불었다, 일일초는
휘청이거나 엎드릴 뿐 부러지지 않았다

몰도바의 구름

안개 주렴을 밀고 들어와요
높은데 살아도 심장은 물이지요
물은 항상 낮게 흐르지만
맨발의 소문은 구름처럼 높아요
잊어요 잊어요 잊어요 모든 걸
가장 낮게 드러누워 눈을 감아요
바순의 리듬이 들리지요
남몰래 흐르는 눈물은
나를 닦고 있어요
사랑이 보인다고 하네요
질투를 느낀다고도 해요, 아니
사랑을 위해 죽을 수 있다고 하네요.
이젠 우리 몰도바나 들어요
무언가를 쓰려는데 죄송
마음은 참는데 습성은 잘 참질 못해요
길고 얇은 치마폭 리듬에
장미가 수없이 그려져 뱅뱅 도네요
여원 쇄골과 어깨의 몸짓이 하얘요
석양 한 줌으로 만든 바이올린
붉게 우는소리가
강물에 녹아 처연히 흘러가요
그녀의 얼굴 속 똥그란 두 창문이
먼 산 허공을 향해 있네요

무당거미의 法

뭐 그렇게 높은 담을 쌓진 않는다
엎드리거나 숨지 않고
둥근 해먹을 펼친 집 한가운데
정좌해 있다
그게 그의 소파다

얼굴 당당, 금고도 훤히 보인다
덫을 놓고도 숨지 않고
실족을 기다린다
조심조심 다니면 안 걸릴 테니
정신 차리고 잘 다니세요

거미줄에 걸린다는 건
네가 잘 못 봐서
네가 잘 몰라서
다 네 잘못
허가를 낸 것처럼 먹이를 기다린다
'바람이 그렇게 불었어요' 해도 소용없다

박두원

관곡지 연꽃 외 4편

연못 가득 피어난
연꽃 위에
밤새 비가 내렸다

물방울 머금은
우아한 자태
하늘 향해 미소 짓는다

네 모습
세상 번뇌 잊고
무욕의 평화 이룬
마하가섭의 미소인가?

한 여름의 희망가

휘감듯 온몸에 퍼지는
뜨거운 열기

이마에 송글송글
맺히는 땀방울

찢을 듯 허공을 가르는
매미소리

푸른 숲 그늘에 더위 식히고
시원한 계곡에 발도 담그며
지친 육신과 영혼 쉬어 가고파

매미의 노래

뜨거운 햇살 아래
터져 나오는
한 맺힌 소리

칠 년의 한
작은 몸으로
토해내는 절규

밤낮없이 들리다
어느덧
노래되어 들린다

찌르륵 찌르륵 찌르륵

여름날의 춤꾼

물위 스치다 솟아오르며
공중에 그림 그리듯 맴도는
우아함

빠른 듯 날다가
조심스레 잠시 멈추는
몸동작

예측 불가한 궤적으로 자유롭게 날다가
쏜살같이 다시 위로 솟아오르는
비상

한여름의 공중을
무도장 삼는
잠자리

여름날 하늘을 누비는
날렵한
춤꾼이다

푸에고 로즈

겹겹이 핀 빨간 꽃잎
가슴속에 불을 지른다

초록잎새
수줍게 흔들리며 설레게 한다

날카로운 가시
감싸주고 싶은 매력이 된다

별빛 쏟아지는 밤
붉게 타오르는 그녀

그 입술에 데어도
앙칼져 버거워도

오늘 밤
품에 안고 죽어도 좋으리

깨복쟁이 외 4편

박영숙

진달래 향 가득한 추억 마시며
깨복쟁이 시절 이야기 나눈다
서울이 고향인 내게 그런 친구는 없다
단지 어릴 적 동무가 있을 뿐
가위바위보를 하며 가방 들어주고
찢어진 비닐우산 같이 쓰며 깔깔 웃던 친구
학교 앞 문방구 쫀득기를 나누어 먹던 그리움에
쫀득기를 먹어 보지만 모양만 그대로
지금은 어디에 살고 있을까
냇가에서 발가벗고 물장구는 치지 못했어도
소꿉놀이하며 놀던 깨복쟁이들
배게 업고 나는 엄마 너는 아버지
붉은 벽돌은 고춧가루 되고
깨진 사금파리도 장난감이 됐던 추억들
친구도 내 생각 가끔은 하고 있을지
탄피로 소꿉놀이하던 친구는 멀리 떠나고
어릴 적 아름답고 슬펐던 추억
그 이름 한 글자 한 글자 부른다

기도

배움의 도반은 향기롭다
코스모스 길 오 학기 동안 함께 걸었던
젊은 나의 친구들
엄마보다 더 긴 세월을 살아온 나를
언니라고 부르며 행복을 안겨 주었던
어린 친구들이다
만학도의 길을 걸으며
후회 없는 삶이 되도록 태웠던 시간들
형용할 수 없는 행복함은
멋진 노을로 출렁이게 했다
한마디 강의도 놓치지 않으려고
긴장의 끈을 놓지 않았던 시간
기말시험 때 누군가는 답을 몰라
애국가 4절까지 썼다던
나도 모르는 장문의 답안지
벚꽃 활짝 핀 교정을 돌아보며
간절한 마음으로 기도한다
열심히 한 노력이 헛되지 않도록
세상이란 그릇 어디라도
필요한 빛과 소금이 되어
학업의 탑이 빛이 발할 수 있기를

백 년 지기

팔십 년 지기 남편과 친구
처자식을 거느리던 시간이 지나니
아내라는 친한 친구와 넷이 만나고
모양도 다르고 성격도 아주 다른 둘은
뱃속부터 평생을 같이하고
여름방학이면 탄천에서 멱 감고 피라미 잡는 천렵
고추장 듬뿍 고추 파 무 뽑아 끓이면
그 맛은 천하일품
네 슬픔 내 기쁨의 버팀목이 되어주었고
친구는 구 남매의 일곱 번째
남편은 육 남매의 맏이
어렵던 시절 함께 하던 추억 여행할 때는
아픔 기쁨 슬픈 이야기까지도
그래그래 맞아 아 그랬었지
눈물이 글썽한 그네들
말없이 내어주는 오랜 손수건
지금도 옛날이 어제 만 같은
낼모래는 병원에 간다며 두 손 잡고
헤어짐이 아쉬워 떠나지 못하는 두 사람
곁에서 바라보는 아내들의 눈물
건강하게 잘 돌아와 줄 것을 다짐하며
잡은 손 다시 꼭 잡고 눈물 삼킨다
내일을 모르는 삶 속에
오늘이 행복하면 내일의 행복도 따라오리라

멍 때리기

생각이 없다는 것은
생각하지 않는 것이 아니라
아무 생각도 하고 싶지 않은
일상에서 자리 이동하여
혼자만의 시간을 갖고
때론 생각조차도 멈추고 싶은
그런 경지의 멍 때리기

앵두나무 옆 빈자리
지난가을 도끼질하여 놓은 장작더미
한 아름 끌어와 불을 지핀다
허공으로 솟는 불꽃의 아름다움
푸른 꽃 붉은 정열의 꽃
주황 노랑 오묘한 불꽃
모든 걸 태운 하얀 마지막 재까지
마냥 불꽃만 마주하는 멍 때림
가득한 기쁨도 좋지만
허옇게 타오르는 아름다움
일상의 변화 새롭게 일어난다

시간이란 공간에서 피우고 잠든 꽃
하얀 재만 남아 산산이 날려도
빈자리에 멍 피워놓고
내일의 비상을 그린다

생각의 차이

어제는 맞는데 오늘은 아니라고
어제는 그래서 그랬고
오늘은 이래서 이랬단다
옳고 그름 맞고 아니고는
시대와 배경에 따라 변화되고
생각의 차이는 행동의 차이
생각의 크기는 그 사람 마음 크기일까
갈등과 충돌은 발전의 초석이 되고
깨어나 열린 정신일 때
생각의 차이를 인정하는 마음
누구나 중요한 사람이지만
어느 누구보다 더 중요한 사람은 없다
신애信愛는 모두 한편
너와의 편 가름은
아니다 그렇다가 아닌
나 밖에 모르는 이기심 때문이다

4

경희사이버대학교 상담심리학과, 미디어문예창작학과 졸업.
《대한문학세계》시 부문 등단. (현)가온문학회 회원.
마운틴TV<시공간. 시즌2> 전국공모 시 <산다는 것> 방영,
명예의 전당 <명예상>수상 후 본격적으로 작품 활동 중.
수상: <순 우리말 글짓기>, <짧은 시 짓기>, <윤동주 문학상>
작품상, 카톨릭평화방송. 신문 <신앙체험수기> 우수상 외 다수.
시집: 『하늘은 햇살과 구름과 바람을 낳았다』

박치준

계간 《가온문학》 등단
가온문학회 이사
photographer
공저 『산다화 피는 언덕』

백도연

충남홍성출생. 전국 무궁화축제 시부문 수상,
계간 《가온문학》 신인상 수상,
문학과 비평 작품상 수상, 아주문학회 회장,
한국문인협회, 아카데미 문학과 비평, 경기문인협회 회원.
시집 『푸른날의 꿈』

백옥선

그리워하는(바보 사랑) 외 3편

박치준

마음의 언어는 발이 없다
가고 싶은 곳도 마음대로 찾고
가깝고도 먼 곳을 찾아 나선다

만나면 눈물을
못 만나면 통곡의 바다가
돼버리는 당신을 위해

마음이 발이 되어
공기가 되어
멈출 수 없는 공간과 시간을
헤집어 놓는다

그리워하면 바보
해바라기 같은 바보가 돼도 기분 좋은
어찌할 수 없는 바보다

나도 천하의 바보
당신도 바보
서로 바보를 불러보겠습니다.

산다는 것

매일 아침의 창문을 열고
바람이 종이처럼
구겨짐을 느끼며
밤의 대문을 닫는 일이다

밤에는 내일의 햇살을 꿈꾸고
기억 속의 거리에
먼지를 쓸어 버리며
아침부터 꽃길을 만들어 가는 일이다

꽃에 향기가 바람을 풀어 놓으면
계절의 새싹은
담장을 따라 오르며
사라지는 눈물을 서서히 말리는 일이다

눈물은 하늘에 웅덩이를 파고
가까워지고 멀어지는
펄럭거림의 사연에
서러워서 기뻐서 댐을 방류하는 일이다

보이고 보이지 않는 길에는
오늘 하루 나뭇가지에

아무 바람이 불지 않으며
하루하루가 견디지 못하는
웃음이 흐르는 일이기를.

지평선 넘어가면

지평선 넘어가면
저녁과 아침이 서로 만난다
점점 가벼워지는 저녁
하나둘 무거워지는 아침

지평선 넘어가면
저녁은 이미 배가 고파져서 슬프고
아침은 벌써 배가 불러서 기쁘다

지평선 넘어가면
저녁은 보고 싶은 사람 볼 수 있고
아침은 보고 싶지 않은 사람 다시 본다

지평선 넘어가면
저녁은 창밖이 어두워진다고
여기까지 데려와서 미안하다 말하고
아침은 새로 눈을 뜨는 숨소리가 시작된다고
어제 아무 일도 없었다는 듯 길을 걷는다

그렇게 오랫동안 우리는
계속되는 인생인지 모르고 침묵하며 살아간다

솜사탕

혀가 다가가자, 살결이 되고
한가득 거품이 되었지요
코와 입이 다 가려져
끈적거리고 달콤하였지요
솜같이 부드러운 달콤한 맛

먹어도 먹어도
배고프다.

백도연

못다한 사랑 외 4편

유월 모내기 끝낸 논을
맨발로 뛰어갔을 때
심어놓은 모는 어떻게 되었을까
타인의 시선은 부끄럽지 않았다
그녀 뒤를 쫓아오는
호랑이 아버지가 무서웠다
친 오빠 친구로 드나들다가
눈빛으로 싹튼 정은
부친의 엄격함을 초월한 사랑
슬하에 자녀를 두고
행복이 여물어 가던
꿈같은 시절
어느 신이 질투했을까
하늘로 가버린 그리운 사람
소리 없는 슬픔이 삶을 적시고 적셔도
꼭 다문 입술은 허리 펴고 일어서서
문설주 위에 초상화 걸어두고
여보 운동 다녀올게
드나들 때마다 속삭이는 홀로 남은 사랑
그리움과 함께한 미망인의 여정이
시가 되고 노래가 된다

얼굴들

돌아보지 않는 세월에
업혀 오는 동안
변하지 않을 수 있을까

더듬어 찾은 기쁨도 잠시
헤어져야 했던 아쉬움 뒤로하고
거울 같은 섬진강 수면 위를
미끄러지듯 질주하는 엔진 소리

뱃전에 쏟아지는
물보라 진주 위에
하나하나 얼굴들이 겹쳐 오른다

돈목강에서 배알도를 끼고
송림정을 돌아올 때까지
지워지지 않는 얼굴들
언젠가는 또 만나리
접히지 않는 세월이라면

너 자신을 알라

그리스 아테네델포이 성전에
새겨진 글이 왜 중요할까
사람들 일부는 소크라테스 명언이라
칭송하기도 한다
누가 쓴 글인지도 중요하지만
마음을 되새김하며 살고자 하는지
역사관이 뒤틀린 지도자가
자신은 바르지 못한데
제자들에게 정도를 가르치겠는가
소크라테스가 제자들에게 한말을
그대로 알아들은 것인지
제자들이 도망치기를 권했으나
악법도 법이라며 제자들을 다독이고
사약 받고 형장의 이슬로 사라졌다
우리가 숨 쉬는 공기 맑은 하늘
어머니 같은 대지를 어떻게 사고팔겠는가
우리는 대자연에서 공기를 마시며
함께 살아가는 형제다
자연주의를 호소한 시애틀 인디언 추장
점령군 미국 대통령에게 남긴 편지

오늘을 살아가는 우리는 왜 이럴까
점심시간 상추쌈 목 넘기는 소리만 들어도
행복하지 아니한가
같이 살아 있어 이렇게 행복한데
얼마나 더 먹고 얼마큼 더 살려고
짓밟고 죽이려까지 하는가

희망의 빛

오늘이란 의미 찾아
지나온 발자취 돌아보니
시련 중에 은총으로
간섭하신 님께 감사한 마음
벼랑 그 바닥에서도 좌절하지 않고
성실하게 살겠습니다
젊은 우리 지켜봐 주세요
한가닥 믿음의 줄을
노부부에게 쥐여주던 며늘아이가
그 세월을 이겨 내더니
가문에 새 생명 안겨줬을 때
아가야 어느 별에서 왔니
시름 속에 희망의 빛으로 찾아온 너
엊그제 같은데
어느새 초등생이 되었구나
오늘이란 은총을 주신
하나님께 감사할 것뿐이다

마음의 강

대인도 나루 건너
모퉁이 돌고 돌아 걷던 길
우리 어메 치마끝단 같은 열두 모퉁이
끝없던 조막 고무신길
동지섣달 눈부신 해빙길
손은 호호
꽁꽁 발가락은 움찔움찔
어린 시절 걸어 다녔던 길
산 너머 북쪽 해안선이 옛날이 된 지금
의기양양한 신작로 따라
밟은 패달이 어느새 배알도에 닿는다
해운정에 올라 굽어보며
삶의 유정이 넘실대던 섬진강
말 못 할 애한哀恨 물밑으로 흐르는 강
전어배 흥겨운 소리 사라져 버려
망향가 한 소절로 시름 달래려 하니
추임새 넣는 솔향기 먼저 노래한다

백옥선

언덕에 선 나무 외 4편

화려하고 향기로운 자연
메마른 가지에 파릇파릇 새순 돋아
연록잎이 바람을 부른다

만물이 소생하고
산천이 푸른 동산이 되어
봄기운 따라 마음껏 젊어지고 싶다

공원 벤치에 앉아있는 노인들
한때는 저들도 꿈과 희망으로
삶의 보람을 찾았겠지

휠체어에 앉아 비둘기를 어르며
새의 꿈을 부르는 모습이
처량해 보이는 건 동병상련인가

열심히 걷고 기계 운동으로
맨발로 소나무길 걸으며
하늘을 우러러 기도한다

삶의 언덕에 서서
빛나는 세상에 푸른 나무가 되어
누구든 품어주는 희망의 불빛 되기를

가는 봄 오는 여름

이른 아침부터 끝없이 내리는 봄비
우산 쓴 장난꾸러기 초등생
파란우산 검은우산 하얀우산 올망졸망
학굣길 걷는 풍경
이마를 마주대고 물장난 치며 간다

울긋불긋 활짝 피어난 영산홍 명자꽃
장홧발 차며 오손도손 웃으며 걷는다
나라를 짊어지고 갈 꼬마대장들

하늘엔 비구름 둥실둥실
미세먼지 청소하며 내리는 비
산천초목이 맑고 깨끗해
비에 젖은 영광의 모습

수목에 매달린 물방울에
반짝이는 햇살이 동그랗게 뭉쳐
가는 봄 오는 여름을 맞이한다

오월의 기도

비슷한 것끼리 만나
온 세상이 꽃과 푸르름이 가득한 초여름
만물을 창조한 그 솜씨 아름답다

어린이 날, 어버이 날.
스승의 날, 부부의 날
모두가 꿈과 희망이 넘친다

좋은 계절 숨 쉬는 평화가 감사하다
온 세상 푸른 나무 새소리
씨앗을 뿌리니 꼬물꼬물 돋아 나오고
부드러운 흙에 깔리는 평안

꿈 실은 걸음마다
넘치는 향기가 절로 절로
희망의 나래를 펼친다

이 땅에 사는 동안 진실로
행복의 나라 가꾸며 살 수 있기를
떳떳하고 당당하게 걸으며
감사의 기도로 숨결 가다듬는다

토끼풀꽃

행운을 준다는 클로버
밭둑에 하얗게 무리로 피어
농장인지 꽃밭인지 구분되지 않는다

꽃에 감춰진 네잎클로버
어디쯤에서 날 기다리고 있을까
한참을 살피다가 참새만 쫓고

오월의 여왕 라일락꽃 밑에서
향기에 취하여 고개 숙이니
뚜렷하게 보이는 네 잎

조심스럽게 헤쳐 손에 쥐고 올려다보니
울타리를 뒤덮은 장미꽃 넝쿨
하늘까지 차지하였다

우연한 행운은 없는가 보다
꽃 피어 우거지고 새가 노래하는 농장에
즐거움이 가득하여 얻은 행복

하늘은 스스로 돕는 자에게 온다는 말
실감하는 오월의 한낮
저절로 열리는 가슴이 뜨거워진다

농장뜰

직박구리가 깍깍 노래한다
새로운 친구들 반겨 주는지
봄의 음악을 들려준다

자연이 주는 신비한 약초
새들이 지저귀고
푸른 나뭇가지에 팔랑팔랑 앉는 나비
오월은 푸르른 청춘의 계절

꿈의 세계가 알차게 펼쳐져
농장 뜰에 곱게 핀 영산홍
박태기꽃 화려하다

각가지 채소 모종 푸른 잔디
무수히 쌓인 일거리
한아름 안고 돌아오는 길

노래하며 마중하는 새들과
하나가 되는 자연의 섭리
무궁무진한 은혜가 쌓인다

5

1953년 서울 출생,
총신대, 합동신학대학원대 졸업
동산교회 목사
계간 《가온문학》 신인상.

선기녹

《문예운동》시 등단, 동아일보 신춘문예 시조 당선
중앙일보 시조백일장 장원, 제6회 전국가람시조 백일장 차상
시집 『체온을 파는 여자』 『구두를 신고 하늘을 날다』
『이중섭의 팔레트』 『하현 편집증』 外 공저 다수

신준희

충남 천안 출생. 충남대 기계설계학과.
전) 한라중공업·현대엔지니어링 근무
KOICA 해외봉사단 활동.
계간 《가온문학》 신인상 수상. 가온문학회 회원, 부천문인회 회원.

오국현

선기녹

사랑보다 아픈 것 외 4편

사랑하는 것은 슬픔을 아는 것이다
아픔을 감내하고 견디어 낼수록
넘실거리며 차오르는 슬픔은
가슴에 응어리가 남도록 후벼파이고
무너져 내린 신뢰를 회복하려
힘겹게 싸우며 스스로 비상하는 용기

그가 우리를 위하여 질고를 지고
우리의 슬픔을 당하였던 것처럼

사랑 때문에 십자가를 바라보며
배신을 당하여 버림을 받아도
보복하지 아니하며 드러내지 않는다
엘리 엘리 라마 사박다니 그렇게
거짓 없는 사랑은 부르짖음으로
스스로를 불사르며 슬픔을 사윈다
그래서 사랑하는 것은 아픈 것이다

텃밭에서

무성하게 자란다
하루가 다르게 폭풍 성장하는
식물의 생장이 놀랍도록 왕성하다
생육하고 번성하는 일의 경이로움
심을 때는 작은 알갱이로되
싹이 트고 자라기 시작하니
생장점을 잘라도 곁눈을 키우며
무한 성장한다
아이들의 성장도 이와 같이 하루가 다르다
한 해 한 해 어른스러워지고
성장판이 열리면서 폭풍 성장을 한다
양육에 지쳐 허덕일 때
내 아이는 언제 자랄까 탄식했는데
주의 손이 자라게 하시니
나는 늙고 아이들은 어른이 되어간다
오 주여
이대로 멈출 수는 없는 건가요
더 이상의 행복도 필요없다
한 세대가 다가온 만큼
한 세대가 물러서는 이치를 따라
내 청춘도 저물어가는 텃밭에서
호밋자루처럼 허리가 굽는다
만족한 은혜 허리를 펴면 천국이다

맛있는 소나기

쏟아붓는 물줄기
휘몰아치는 세찬 바람
순간에 물바다를 이룬다

동남아의 스콜처럼
기후변화의 이상 현상
요즈음 소나기는 매력이 없다

낙수 소리 정겹게
무더위를 가라앉히고
청량한 하늘에 무지개를 띄워주던
그런 맛있는 소나기가 좋았다

탕자와 아버지

그럴 줄 알았어
기약 없이 떠나던 날
종말은 이미 예고된
시간의 함정에 빠진다는 걸

돼지우리에서 마주한 현실
갈 때까지 가봐야
참혹한 형벌밖에 없다는 걸
그때는 왜 모르는 걸까

반항이란 방황의 끝을향한 질주
말릴 수 없는 애비의 심정도
어른이 되고 애비가 돼야
비로소 후회하며 깨우치는 것을

한 번밖에 없는 기회를
허비한 후에야
말없이 침묵하신 이유가
오래된 기억으로 살아남는다

고집쟁이 아버지의 집요한 사랑
말은 없어도 그것은 사랑이다
안되는 줄 알면서도
시간의 함정에 스스로 가둬버린
세월이 가면 알게 된다

타향살이

혼자라서 어둑한 저녁
한 끼의 식사를 위해
조금은 번잡한 맥도날드
시니어 커피를 받아들고
창가로 향해 자리 잡는다

조국의 하늘이라 생각하면
검붉은 노을 속에
늙으신 부모님 얼굴 떠오르고
울컥이는 불효자의 눈물
이국에서 객이 된 나그네
홀로 운명처럼 받든 사명의 길

평범함을 포기하고 선택한 여로
향방 없이 떠돌다 정착한 타향에서
홀로 향수에 젖는 비련함이란
아무래도 바보처럼 느껴져
로뎀나무 아래 앉아 죽기를 구하던
엘리야의 심정 생각이 난다

어머니
오늘 저녁은 검게 탄 커피 한 잔이
목에 걸려 넘기지를 못했습니다
혼자라서 더 어둑한 저녁
어머님의 속 깊은 숭늉이 그립습니다

96

트리스탄* 화음 외 4편

신준희

헐벗은 포도나무 가지를 단단히 동여맬 즈음,
머뭇머뭇 마른 고막으로 건너오는 당신의 발소리

유리병에 꽃을 심으며 안구건조증이 재발했어요
깜빡이를 켜두고 흘려버린 귀를 찾아냈지요

포도알처럼 앙큼스런 당신의 눈동자에서
나른한 별 하나가 간간이 기지개를 켜지요

브레이크가 망가진 나의 기다림은 날카롭게 경적을
울렸지만요, 짓밟힌 와인의 당도를 어찌 감출려구요

혀가 난처해질 적마다 슬그머니 얼버무리는
당신의 허파꽈리, 도착, 도착, 자아, 다 왔어요

씨 없는 포도송이를 따라 갔어요 조롱조롱 송이마다
뒤따라가서 봉지를 싸고, 봉지를 열고, 그만할래

그만하자, 턱을 치켜든 채로 매달린 나를 싸고, 음
이탈을 봉인한 빈 봉지를 질질 끌어다 처박았어요

---

*트리스탄 화음은 리하르트 바그너의 오페라 '트리스탄과 이졸데' 도입부의 트리스탄을 상징하는 라이트모티프의 일부로 나오기 때문에 트리스탄 화음이라고 불린다.

공터

흔들리는 그네에 올라 바다를 밀어보았다

발끝으로 나비가 팔랑거렸다

그 애가 기타를 치다 돌아간 등나무 그늘,

아이들이 재잘재잘 허물고 달아난 모래성에

어지러이 찍힌 손자국 발자국 잎사귀들

빗방울이 두리번거리며 몰려오기 시작했다

먼지를 폴폴 뒤집어쓴 라일락꽃이

우산을 가지러 벽 속으로 뛰어들었다

자벌레가 나무줄기에서 거꾸로 떨어졌다

바다는 긴 혀를 늘어뜨리고 사라졌다

좀쓸바귀 그 언덕

1.
우주 아래 유목하는 아기별처럼
남극 대륙 횡단하는 원정대의 깃발처럼
어느 봄날,
어깨에 묻은 햇볕 툭툭 털어내며
구부정하니 골목길 돌아가는 근심처럼

쪽방촌
처마 밑에 몸을 기댄 소줏병처럼
고단하지
무섭지
차라리 죽고 싶지

2.
그날에
죄 없이 그가 지고 간 십자가
그 순박함
그 미어짐
아아, 나는 그 옆에 매달린 어리석은 강도처럼

월요일의 달

달이 따라다니는 걸
모르고 하나도 모르고요
달이 우물이나 계곡에서 발을 헛딛고 복숭아뼈 실
금이 난 채로
숲속을 기어다니는 걸 알고 싶지 않아서요
아그배나무 아래서 어렵사리 다리가 자라 촌스럽
게 치마를 올리고 붙잡고 매달리다
달의 멍든 갈비뼈를 움켜쥐고 말았어요
달이 정수리 쪽에서 북쪽으로 기울이는 스물셋
처음 남자와 자고 나서 휘청거려 울렁거려
걸어도 걸어도
택시조차 지나가지 않아서요

허리까지 간질이던 머리칼을 자르고서
어둡다 어둡다 한밤중에 깨어 중얼대다 만졌어요
달에서 달이 빠져나오는 헛간
부푸는 유방을 싸매고
차가운 음료를 마시고
아무도 인사하지 않는 별까지 도망쳐서요
수치를 모르고 모르고요 갈비뼈가 아파요
너무 오래 울음을 가두어서요

달이 따라다니는 걸
모르고 하나도 모르고요
달이 바다 끝이나 모래알 속에서 벗어놓은 티셔츠
를 주섬주섬 입고서요
호텔 주차장을 빠져나가요
그래요 나는 달이 아녜요
립스틱 숫자가 빠르게
늘어나고 정서와 관련된 언어로 말하지 않아요 나
는 아무것도 원하지 않아
그렇게 말해버리고 문을 닫아요
월요일의 달
그냥 환해요
시멘트로 포장한 농로가 차가워서요
달은 사실 나처럼 거짓말도 잘해서요
믿지 않아요
달이 예뻐요
윤곽만 보여주는 달이

광대나물꽃

눈썹을 밀고
가루분을 희뜩 뒤집어쓰고
갈 데가 없었습니다
모자를 써도
가려지지 않고
마스크로 다 덮어도
속이 드러났습니다
나의 가난을
하늘이 알고 웃었습니다
나의 병을
아무도 모르게 감추고 싶었습니다
허허 허허 허허대는
나의 웃음이 대체 어디까지
나를 끌고 다니려는지
사실 겁이 났습니다
미친 자와
못 미친 자와
한 탁자에 마주 앉아
정도껏 웃는 법을
배우고 싶습니다
살아있네
독주 독설 독선 독박 독거
독 투성이입니다
나의 웃음에도 치사량의 독이 들어있습니다
또 겁이 납니다

실개천에 짝사랑

오국현

봄인양하여 갓 돋아난
이름 모를 잡초 위에
눈가루 뿌린 듯
허옇게 피어오른
서리가 밭을 일구고

바람 소리 들릴까 마음 졸인
작은 실개천 수면 위에
부스스 잠 깬 햇살 맞아
설레는 물안개 춤을 춘다

햇살 등 뒤로 내비친
하얀 실루엣을 벗 삼아
청둥오리 물갈퀴가
파문으로 삶을 그리는데

밤새워 잉태한 서릿발도
춤사위가 돋보인 물안개도
오리들의 자맥질한 화폭도
실개천엔 매달 수가 없구나

윤슬 예찬

큰 빛이 있어도
바라볼 수 없고
성령이 있어도
각박한 마음으로는 알 수 없다

육신은 죄 덩어리로
감추기가 바쁜데
윤슬은 어찌 그리 아름다운가

영롱한 빛이 있어도
눈이 부셔 바라볼 수 없고
살며시 불어오는 바람이 있어도
눈이 멀어 볼 수 없다

바닷가에 빛 무리 넥클래스를
펼쳐 놓은 듯 장식하는
윤슬은 어찌 그리 눈부신가

빛이 있으라, 빛이 있고
믿음의 증거인 성령을
선물로 주셨는데
목이 곧은 교만으로 담지 못했다

머리 숙여 바다 위를
겸손히 바라보면
수면 위에 아름답게 흩뿌리듯
남겨진 삶이
윤슬로 눈부시게 다가오리라

그때야
윤슬이 기적임을 알리라
그분이 섬기러 왔음을 알리라
그분이 사랑함을 보리라
그분 안에 있음을 고백하리

셔터음속에 봄빛을 담다

그제는
공원 주변에 서 있는
백옥 같은 자태의
목련꽃을 찍었다

어제는
학교 울타리에 서 있는
철부지들 노란 웃음이 담긴
개나리를 찍었다

오늘은
개천 둑을 오가는 상춘객의
연분홍 함박웃음 담은
벚꽃을 찍는다

내일은
어디에서 이름 모를 여인의
보조개 띤 봄빛을
셔터 소리에 담을까

봄의 소리

연분홍 벚꽃을 시샘하듯
봄비가 소리 없이
밤사이 눈물을 짓더니

영롱한 햇살 등에 지고
도리질하며
한 쌍의 청둥오리는
수면에 오선지를 그리고

봄 소리가
개천가에 멈춰 서서
징검다리 건반 위에
한 옥타브 키를 높인다

새 보습을 주옵소서

주일 아침
봄기운이 녹음을
손짓하는데
주일성수에 일상을
구겨 넣는다

마음은 언 살얼음판을
딛고 서다 넘어져
긴 예배당 의자에
메마른 무릎을 꿇는다

엄숙한 침묵의 고백은
주문처럼 반복되는데
현란한 스크린이
눈앞에 어른거려
집중의 시선을 흔든다

아름다운 선율의
낮은 자리 음표는
어디 가고
성가대가 텅 비었네

오늘도 익숙한 쟁기질로
비탈진 돌밭을 일구지만
무딘 보습 날은
돌밭에 자국만
남기고 지나가는구나

다음 장날에
대장간에 주인한테
새 보습으로
바꿔 달라고 해야겠다

사월을 짊어진
어미 소 등짝에
애꿎은 봄볕 범벅이구나

6

계간 《가온문학》 신인상
천수문학회 회원, 가온문학회 총무
동인집 『꼬리 달린 생각』 등

오병옥

《지필문단》 등단
현) 시인, 시낭송가, 고용부 근무, 가온문학 감사.
위씨 종친회 문예위원
『바보당신』, 『공존의 그늘』
『시간을 줍는 그림자』 등 다수(공저)

위성유

한국문인협회, 국제펜클럽한국지부회원.
충청문학상, 해동문학상, 청하문학상, 가온문학상,
제1회전국문학인꽃시백일장대상수상.
저서. 『너의 우주로』 등 22권

유재원

유월 외 4편

오병옥

벌써 반이나 가버렸네

쫓기며 사는 건지
쫓으며 사는 건지

열심히 살아온 것 같은데
되돌아보면 남은 것이 없다

어두운 숲을 헤쳐가듯
사나운 파도를 넘어가듯

아직 반이나 남은 날들을 위해

상처가 남으면 어떠리
다 영광의 날들인 것을

만복滿福

세상 가진 사랑
다 내어 주시는 어머니가 있고

자신보다 나를
더 아껴 주는 아내가 있고

가진 것을 다 주고도
아깝지 않은 자식이 있고

모든 사연 다 들어주는
솜 구름 같은 친구도 있다

이 정도면 다 갖추고 사는 게지
무엇이 더 필요할까

섬

흐르다 멈춘
버티고 선 그 자리

파도가 밀어 내려 해도
바람이 거칠게 불어도

버티고 선 멈춤
물러서지 마

너를 기준으로
사는 삶도 있어

북한산에서

등산을 하다가
돌부리에
넘어질 뻔하였다

화가 나서
밟아 주고는
다시 오르는데
표지판 하나를 발견하였다.

'이 산은 일억 년 전에
화산 활동이 멈추고
형성된 것으로...'

일 억년이 넘었다는 산에서
백 년도 안 된 인간이
깝죽거리며 간다

대견한 자신

십 대에는
공부를 잘했어

이십 대에
인기 좀 있었으며

삼십 대에는
열심히 날아다녔지

사십 대에는
가족을 위해 살았고

오십 대에는
자신을 돌아 보았지

육십 대는
아직 살아 있어서
대견해

기도를 빚다 외 4편

위성유

우리는 지금 기도하는 것이다

힘들어 지쳐 무너질 때
십자가를 마주하는 것만으로도
성모님의 평화로운 모습에 미소 짓는 것만으로도
우리는 지금 기도하고 있는 것이다

맑고 파란 하늘을 보며 행복해하는 것도
오래된 친구와 노모의 안부를 묻는 것도
무탈한 하루를 보낼 수 있음에
심연에서 감사의 마음이 샘솟는 것도,

아픈 아이를 안고 발 동동 구르며 보냈던
지나온 날에 기도의 힘이 살아 꽃 피던 그날에도
분명 우리는 기도하고 있었던 것이다

응급실에 실려 그 사람을 위해
죽음의 문턱에선 그 사람을 위해
죽은 자가 하늘로 떠나기 전 눈물 한 방울 떨구며
간절히 두 손을 모으는 것만으로도
우리는 기도하고 있는 것이다

마음과 목숨을 다하는 곳에 기도의 문이 열리고
인생을 살아가는 감사의 문이 열리는 것이다
우리 곁에 늘 존재하는 그분처럼 기도는 우리와 함께하는
것이다

나를 위해
그 누군가를 위해
우리는 일생 기도를 드리고 있는 것이다

장수사진

　몇 달 전 받아 놓은 일도 오늘이면 갈무리될 것입니다. 언제나 준비하는 일은 시작하는 일보다 어렵다는 것을 우리는 알고 있었습니다. 요즘 사람들 입에는 영정사진이라는 말보다 장수사진이란 단어가 더 친근해 보일지도 모르겠습니다. 아침 하늘은 쨍쨍했던 어제의 해를 밀쳐내고 새벽부터 추적추적 내리는 비가 고요한 성당을 깨웠습니다. 성당 안에 차려진 임시 사진관 그들은 길 잃은 순한 양처럼 문밖을 서성이다 이내 사진관으로 몰려왔습니다. 가을을 보낸 새들은 언젠가 겨울 들녘에서 죽음을 맞이하듯 천국으로 가는 길목에 새하얀 국화꽃 한 송이와 함께 놓일 그들의 마지막 모습을 미리 보는 일은 흥미로움 속에서도 기쁘고도 서글픈 우리의 자화상이었습니다. 고단한 인생 여정 탓인지 긴장한 탓인지 주름지고 잔뜩 굳은 표정의 얼굴에 웃음꽃을 피우게 하는 일도, 듬성듬성 몇 올 남지 않은 풀죽은 허연 머리카락에 힘을 주며 옛 젊음을 흉내 내는 일도, 비가 내린 탓에 곱슬거리는 머리를 잠재우고 옷매무새를 다듬는 일도 오직 믿음의 집 안에서 녹아내렸습니다. 사진사는 살아 있는 영정들을 향해 연신 카메라 플래쉬를 누르며 불꽃을 터트렸습니다. 무사히 촬영을 마치는 일은 그들에게 오늘을 보내는 가장 중요한 일이라는 생각에 안도와 감사의 말을 뒤섞어 가며 조심스럽게 사라졌습니다. 빗소리가 잦아질 무렵 우리의 소임은 막을 내렸습니다.

죽음을 미리 준비하러 미완성 사진관을 찾아주신 방문객 덕분에 천국으로 가는 길목에 작은 돌 하나를 올릴 수 있었습니다. 오늘 내린 빗소리를 떠올려보는 것은 이제 우리에게 아주 먼 일이 될 것 같습니다. 그들이 앉았던 자리에 서쪽 노을이 서서히 식어가고 있습니다.

엄마의 사계(四季)

이 세상 어디에 계시든지 자식에 대한 끝없는 사랑으로
우리에게 고향의 강이 되고 삶의 길이 되어 주신 엄마

봄이면
대낮뜰 남의 비닐하우스 논에 딸기 따러나가
온몸이 땀에 젖어 돌아오시던 엄마를 보았네

여름이면
한나절은 고추 따러 밭에서 살고
한나절은 까슬까슬한 보리수염에 온몸이 상처투성이가
되어 돌아오시던 엄마를 보았네

가을이면
논둑길에 앉아 깔을 베고 피를 뽑고
떨어진 벼이삭 하나라도 주우려고 허리가 성할 날 없이 들
녘을 헤매시던 엄마를 보았네

겨울이면
우산 바닷가 칼바람에 쐬며 얼굴이 트고 손이 트고
미역줄기 따러 줄기차게 댕기시면 품삯 삼천 원 손에 쥐고
돌아오시던 엄마를 보았네

노을 지는 팔순 줄에도 외지 사는 새끼들
뭐 하나라도 먹이려고 기역 자 된 허리로

120

논수밭 일궈 옥찌시도까지도 심으시던 엄마를 보았네

제 앞길만 보고 바삐 사는 자식들은 더러는 당신을 잊고 살
아도
정작 당신은 자식들 걱정에 밤잠을 설치시던 엄마를 보았네

있는 집 자식처럼 먹이고 키우지 못해 한사코 '미안하다 미
안하다'
'복받아라 복받아라' 입을 닳도록 말씀하시던 엄마를 보았네

어느덧 구순의 어린 아기가 되어버린 엄마의 인생 넋두리에
짜증 내는 자식들 언성에도 언제나 '내 탓이다 못난 어미 탓
이다'며
되레 용서로 감싸안아 주시던 엄마를 보았네

느그 엄마 같은 그런 사람
이 시상 천지에 없다며 느그 엄마한테 잘해라, 하시던 어르
신들 말씀을 듣고 난 후 다시 엄마를 보았네

엄마는 엄마는 애당초 엄마 인생은 없었다는 것을,
우리가 엄마 인생이었다는 것을 알고 엄마 엄마 부르며 한참
을 슬피 울었네

인생 소회

반백 년 살아보니
받는 사람보다
주는 사람이 행복이더라

물질로 받는 사람보다
마음으로 주는 사랑이 기쁨이더라

불명 불만으로 엮어가는 삶보다
하루하루 감사하여 사는 삶이 진리이더라

남을 위해 베푼 사랑이
결국 나를 위해 베푼 사랑이더라

영원한 사랑도 영원할 것 같은 인연도
영원하지 않더라

마음으로 생각하는 사랑보다
한마디 말로 표현하는 사랑이 최고이더라

있을 때 아껴주고 있을 때 사랑해야
떠난 후에 미련이랑 없더라

후회하지 않고 살았노라 자신해도
후회가 남는 인생 완벽한 인생은 없더라

행복

잘게 피우던 꽃잎들을
다 모으면

붉은 저 노을을
지우고도 남겠네

유재원

바위 외 4편

그 자리서 억만 년을 살다
내 곁에서 다시 백 년을 사는 바위

후끈 달아오른 여름 사랑에
슬픈 이별이 와도 끄떡없는 그대

가슴에 먹줄 긋는 나이 상관없이
세월 가도 지워지지 않는 이름

또다시 누군가의 백 년을 위해
그 자리를 변함없이 지키고 있겠지

당신의 인생

세상에 발을 한번 디디면
죽을 때까지 걸어야 하는
인생은 돌아오는 길이 없는데
빈 그릇에 밥을 퍼줄 때
한 번 푸면 정 없다고
끼니때마다 한술 더 뜨는 당신
비가 내리고 눈이 내려도
가슴에 가시나무 자라는 아픔은
남몰래 속울음으로 지운다
오직 마음 하나 믿고 걸어온
그 길에 찬 서리 내리면
가슴 시린 당신의 흰머리가
산등 억새꽃처럼 주억거린다

기도하는 밤

사랑을 잃어버린 가슴은
죽음같이 고요한 세상
대체 나는 무엇으로 사는가
입을 잔뜩 오므린 하늘에
몇 번이고 돌을 던지며
가야 할 곳이 어딘지 물어보면
별들이 하나 둘 눈을 감는다

밤새도록 가슴 문을 열고
몸을 흔드는 갈잎처럼
메마른 손을 모아 기도해도
내려놓을 게 남았는지
끝내 들리지 않는 하늘의 음성
그대 인연 연결하는 밤이면
달이 가난한 나를 내려 본다

봄이 떠날 때

길가에 제비꽃 앉았는데
봄이 저 혼자 떠나고 있다
저녁노을 물든 유리창에
어둠이 가만히 내리면
별은 밤에만 피는 꽃인지
가슴에 간직한 사연이
꿈속의 꽃잎으로 날린다
혼자 고집하지 않는 물처럼
세월이 흘러도 그저 웃는
그대가 그리워 나는 간다

화장실에서

내가 쉴 곳이 여기인가
주저앉아도 되는 건가
볼 장 다 본 생의 끝처럼
들어왔으면 더는 묻지 마라

인생이 무언지 몰라도
혼자 있어 고독한 공간
가슴이 따뜻한 사람은
들고 나는 정을 다 안다

풀잎 향기 너울거리고
꽃잎 마음이 휘청거려도
숨죽여 고독을 삭히는
짧은 시간을 말하지 마라

7

불어불문학과 전공
FIDM visual communications전공
계간 《가온문학》 등단, 가온문학 회원
시집 『같은 자리 다른 꽃』
공저 『빛을 남기고 간 하루』 『산다화 피는 언덕』
가온문학상 수상

이신희

1987년 아이들문학회 동인지로 詩 활동 시작,
2020년 《현대수필》 수필 등단
경기예총 60년사 집필부위원장(현),
김대규문학관 추진위원회 집행위원장(현)
안양예총 정책기획 단장(현), 글길문학동인회 회장(현)
안양문인협회 부회장(현)

장지섭

지리산 산 사람,
숲사랑 행복학교 쌤,
여행가,

조외제

이신희

꽃이 시들기 전에 묻으며 외 4편

기름진 땅을 알아보고
고운 흙을 손수 골라
제일 비싼 생수를 뿌린다

화병 속 내 꽃
잠을 자려는지 가려는지
새벽녘에 고개를 까딱까딱
목에 검은 리본 달아 눕힌다
웃음꽃이 사라졌는데도 예쁘다
꽃밭이 아닌데도 평온하다

혹여 다시 살아나진 않을까
잔뿌리들을 땅 위에 세우고
영양제와 비료를 머리에 쏟는다
오 웃는다 얼굴에 화색이 돌며
방금 움직였다 팔다리를 흔들며

꽃이 다 시들기 전에 묻으며
내 소망도 같이 묻는다

피노키오

어깨가 삐그덕거린다
발끝이 무뎌진다
불볕에 그을린 거친 피부
세월에 긁혀 갈라진 얼굴
곧 불쏘시개 될 나무는
코와 입이 흘러내린다
입구 문고리로 손을 뻗어본다
힘없이 떨어져 나가는 양 팔
걸어가려니 오간 데 없는 다리
덜렁거리던 눈알이 바닥에 추락한다
날카로운 바늘 비가 머리를 찌르고
투박한 돌멩이 우박은 몸을 부수는데
만신창이 된 외아들 뼛조각 찾는다고
늙은 아버지 홀로 빗속에 뛰어든다
뼈 이어 줄 대못과 망치 움켜쥔 손
자식 만날 때까지 절대 펴지 않는다

조화

조화롭고 싶어 조화인데
조화롭지 못해 조화나라
생화와 어울리지 못하니
숨 쉬는 연습을 한다

생화는 시들면
살아있는 것이 아니나
조화는 시들어야
살아있는 것

가지 않는 젊음은 행복이 없고
곱기만 한 얼굴은 영광이 없어
나이 들고 아파야 사는 거지
조화는 목마르고 배고프고 싶다

마지막 힘 다해 몸을 비튼다
단단히 꿰매진 꽃잎 뜯어내면
갓 태어나 울부짖는 아기처럼
살아있다 비명을 지르고 싶다

집밥

배달 앱에 밥을 검색했는데
우리 엄마 밥이 없다
한식 양식 중식 분식
궁금한 가게는 참 많은데
먹고 싶은 엄마 요리가 없다

엄마한테 전화해
엄마 밥 보내달라 하려니
태평양을 건너야 먹을 수 있는
값이 비싼 밥이라 마음을 접고
스스로 만들어 보기로 한다

엄마가 일러 주신 데로
요것조것 빠짐없이 넣어
이만하면 되겠지 맛보는데
낯은 익지만 맛이 없는 음식
겉모습만 똑같은 짝퉁이다

거듭된 연습과 시간과 정성
자식에게 먹인다는 마음으로
드디어 계량컵과 레시피 없이
능숙하게 한 상 차려내었는데
엄마 밥이 언제 바다를 건너왔지?

샛길

이름 한 글자 잘못 쓴 편지
내용이 구구절절하다
잘 있느냐
어떻게 지내느냐
너무 보고 싶다
한 번 다녀가라는 말

어느 날 낯선 사람이
대문을 두드린다
잘 있었다
덕분에 잘 지냈다
누군지 보고 싶어서
용기를 내서 왔다는 사연

말도 안 되는 인연이라 한다
되돌려놔야 하는 관계라 한다
그런데 이런 사이가
절대 강자 운명을 이겨버리고
샛길에서 친구가 됐다는 이야기
천하무적 하늘도 질 때가 있다

낚시터 외 4편

장지섭

계절을 비껴가는
강물 위에
하늘빛 우수가 가라앉아
너와 나의 경계를 표시한다

촉촉이 번지는 이 적막
부표처럼 떠있는 케미컬라이트
한 조각 단편 같은
그 기억들은
나의 착각이었다

어둠을 헤집고
가을 깊숙이 발을 들여 놓는다
아직도 나는 입질의 순간을
맛보지 못했다

별을 기다리며
관계라는 바람의 덤불 속에
나는 무얼 놓았나
반짝이는 눈가, 경직된 길
그 끝에서

방향의 낯선 근육들은
꿈틀대며 나를 재촉한다

10월, 아다지오

가을은
잠시 손가락을 멈춘다

가을은
뚝뚝 떨어져 내린다

가을은
아직도 건반 속에 누워 있다

낙엽1

가을에는
나 혼자 찻집에 갈 수 있다

가을에는
나 혼자 돌담길을 따라간다

가을에는
나를 더 사랑할 수 있다

가을에는
떠나간 그리움과 만날 수 있다.

가을을 탄다

학창시절 국어선생님이 심어 놓은
시 한편 싹을 틔우고

어릴 적 할머니가 뿌려 놓은
이야기가 열매를 맺고

짝사랑 순이가 적셔 놓은
추억이 뿌리를 깊이 내리고

그래서 나는
어김없이 가을을 탄다

나는 아직도 어제에 누워있다

혼돈의 뼈조각들을 모으며
집으로 발길을 옮긴다

밥상 위에 올라온 조기가
혓바닥을 내민다

잠들지 못하는 희망은 사치다
사실이라는 절망이 필요하다

얼굴을 반쯤 가린 사람들과
거리가 더 벌어졌다

토악질 해놓은 온갖 낱말들이
차갑게 둥둥 떠다닌다

꼼짝없이 붙들린
나는 아직도 어제에 누워있다

조외제

생각의 집 외 4편

바람이 아닌데 어디든 갈 수 있는 바람이고 싶었습니다
새가 아닌데 마음대로 날고 있는 새가 되고 싶었습니다
청춘이 되고 싶은 날은 빨갛게 타는 장미가 되었고
부끄러움을 감추고 싶을 땐 어둑한 저녁놀이 되었습니다
소리 내 엉엉 울고 싶으면 소나기와 천둥이 되었고
그 사람이 몹시 보고 싶으면 무지개가 되었습니다
엉뚱하기만 한 나를 보며 한참 깔깔대며 웃었습니다
그렇게 되고 싶은 그대로 나는 나를 찾았습니다
더 이상 두렵거나 부러워하지 않게 되었습니다
별보다 더 빛나는 별이 되었습니다.

열하의 땅

볼품없는 나에게 자신의 언어로 제 몸 밀착시키려고 아침부터 뜨겁다

시공간 건너 기꺼이 지구를 펄펄 끓게 하려는 것은 그의 존재 이유일 터, 태양은 계절의 간지러움 때문에 힘껏 치솟아 식어버린 가슴 데우려는 것이다

거대한 제 진면목 일부분 지구에 던져 장관의 행진 보여주려는 것이다

그건 타는 불꽃, 참을 수 없는 그 만의 뜨거운 속내려니

지구에서 우주로 떠도는 죽어 못다한 사람들의 열망이려니

여기저기 숨 닿지 못하는 구석구석에 숨은 그림자의 부자유려니

밤새 울었다 맨발로 걸어 지구 끝 무덤으로 가는 구도자의 길이려니

언제인가 내 심장 쩍쩍 갈라 피나도록 고통스러운 청춘의 기억이려니.

지리산 여름

물의 요정들이 햇살 희롱하며 돌들이 도르르 노래하는 지
리산,

물방아 도는 내대 대원 백운 중산리 계곡 마을 야생화가
황홀하다.

마침, 구름 펼친 소나기가 무지개다리 건너가는 상서로운
기운 감도는 세석평전

원추리꽃 어인 까닭인지 어디서 누굴 만나 금방 눈물 쏟
아 흩날리고

천왕봉 깎아지른 비탈 위에 우뚝 선 주목 휘돌아 내려오
는 공기 맛,

꽃잎이 후 하고 토하는 바람 맛은 남녀 불문하고 그냥 까
무러지고 만다

쑥 꾹 쑤 꾸꾹 우는 뻐꾹새 왈, 젊은 지공 선사 주인 행세한
다고 한 번은 와 보라 한다.

그 사람 오두막집

바람이 연주하는 산골 메아리 들리면
산새들 몰래 심어둔 꽃씨에 연분홍이 물든다
별들이 하나둘 숨어들어 소쩍새 울던 밤
파란 잎새는 오월 입김에 제 혼자 자지러지고
행여 잘못될까 봐 간지러운 꽃망울 숨 멎는다
나비의 날갯짓에 눈멀고 마는 한낮,
가슴에 묻어둔 달강에 능금 꽃이 피었다
살금살금 다가간다 귀 쫑긋 세우고 눈 맞춘다
아, 모란은 지고 새벽은 아직 먼데
그 사람 아니 오는 오두막은 별이 뜬다.

허수아비의 사랑

그를 만나면 그를 데려다가 가을을 주고 싶다
지금껏 말하지 못한 그가 품었던 가을 전부를 다 주고 싶다
오랜 시간 지켜낸 농익은 향기와 달콤한 과즙을 그에게 안
겨 주고
풍요한 들녘을 가로질러 흐르던 구름과 바람과 햇살
그리고 아직 살아보지 못한 눈부신 가을 이야기를 그에게
해 주고
별이 빛나는 밤의 황홀과 꽃단풍 물드는 가을마저 모두
다 주고
나는 말갛게 웃는 그에게 외로웠던 손 편지를 쓰리라
잠 못 이룬 밤들이 달강에 잠겨 멈칫멈칫 떠오를 때,
나는 꽃보다 아름다운 그 이름 앞에 남은 나의 노래를 부
르리라
그 마음에 와닿은 풀벌레 음률로 눈 시린 그 이름을 불러
주리라

8

2008년 《문예사랑》 신춘문예 당선
국제 펜 한국본부, 한국현대시인협회, 천수문학회 회원,
가온문학회 이사.
시집 『너 어디 있느냐』 『이 나쁜 넘아』
『너 가라』 『그림자 사랑』

한상일

2013년 등단,
2015년 시집 『겨울에는 꽃이 피지 못한다』로 작품활동.
시집 『생각의 비늘은 허물을 덮는다』 외 3권.
편저 『세계의 어린왕자』 등 6권과 다수.
한국 여성문학100주년 기념 문학상, 외 다수 수상.
대전작가회의, 대전시인협회, 가온문학회,
시와정신, 대전 여성문학회 회원, 전 서구문학회 감사.

황은경

한상일

이런 못잊음 외 4편

나

저기를 본다

저기를 또 본다

저곳을 본다

흠

네 향기다

맞다

이런 맞춤

지구와 달이 돌아 돌아
우리 눈 맞춤했으니
이제 술 맞춤합시다

한 잔
석 잔
오 잔

달 지고 해 뜨면
너는 동쪽
나는 서쪽으로 가려니

지금
달빛 아래 막
입 맞춤합시다

샘

봄 들에 누워 하늘을 보면
널 닮은 구름이 지나고

네 향기 바람이 구름을
만지작만지작

놀고
있네

나
샘이
나

이런 마음

올해 꽃은 피었고
올해 꽃은 지고
내년에 다시 피지요

내년에 핀 꽃이 지면
걸피 해 또 피지요
꽃은 영원해요

너와 나
함께 하는
꽃입니다

이런 술

바람이 불어
구름이 가지

뻥 뚫린 곳을 지나
멍한 곳으로

바람이 오지
구름도 오지

그래

우리는
만나야 해
슬슬

품는 하늘에 살다 외 4편

황은경

자식이 기억을 잃으면
어미는 그 기억 속으로 같이 들어갈 것이다

암흑을 무서워하던 시간은
뒷걸음질 치며 나를 두려워하고
오히려 매달리는 잎사귀 무늬
눈물로 호소한다

기억하지 못하는 구름을 안아
하늘을 날아 본 적 있는가

어미란 이름으로 남겨지겠지만
품지 못한 시간을 비구름 속에 감춰두면
피눈물만큼 붉은 모정만 떠돌겠지

세상이 정답을 모르는데
어찌 이 시간 세상에 물을까?

그늘

하우스 안 그늘에 앉아
폭염주의에 맞선 사람들
빗물인지 눈물인지 줄줄 흘리며
더위를 이길 재간이 없다는 것을 안다
그래도 살포시 오르는 새싹
고거 하나만 봐도 웃는 사람
생명의 외침을 따라가려고
폭염도 눈에 안 뵌다고
열사병으로 쓰러진 게 몇 번이더냐
이겨내고 또 이겨내고
하우스 안 그늘막이 천국이라는
식집사들의 애환은 나날이 깊어지고
생명을 맞이하는 기쁨에
늙는 것도 잊은 지 오래되니
꽃인지 사람인지 폭염도 미안해하고

미안해서

어쩌다 보니 복숭아처럼 고운 가슴에 불을 질렀지 그럴 줄
몰랐고 서운함이 서해처럼 흐를 줄도 몰랐어
바다에 널린 모시조개 속에서 살다 왔나 봐 해감하지 않는
조개여서 더 속이 좁았었나 봐 마음 다칠 줄 알고 던진 건
아니니까 동해 깊은 속 닮은 네가 봐줘라 미안해서 서해 갯
벌에 있는 내닮은 모시조개 주우러 다녀올게

징검다리

사람이라고 다 믿지 마세요
우정과 신뢰를 파는 모파상이 있어요
담보도 저울의 눈금에 따라 달라져요

올라갔다가 내려오는 거친 졸부
돌아가는 팔랑개비가 저수지 깊이를 훑아주고
진득한 고약처럼 변한 생각
편협한 주머니에 담고 다녀요

하나 건너 다른 얼굴들
세상 친구처럼 지냈기에
그나마 돌다리 툭툭 두드려도 봤어요

고인 물보다 흐르는 물길이 좋은
징검다리 세상 만나봐요

곡성에 가고 싶다

한 포기의 배추라도
행복한 노래를 부르며 자란다면
그것은 천국의 노래일 것이다

게르에서 비치는
밤 별들이 쏟아지는 하늘
그곳도 천국의 집일 것이다

한 사내의 구레나룻
기다리다 우거진 수풀
그곳은 천국의 그녀가 살 것이다

곡성에는 땅에 시를 쓰고
마음 둥글게 하늘에 닿게 살고
그곳에 감꽃 닮은 사람이 산다

9 수필

계간 《가온문학》 시부문 등단,
가온문학회 이사
광주문인협회 회원
시집 『사람의 숲』

윤석규

시인, 수필가, 여행가
시집 『인생에 생각을 묻히면』
에세이집 『중국 배낭여행 철길 따라 꿈 따라』
『내 마음의 샹그릴라를 찾아서』 『이야기 속으로 대만 배낭여행』

조종수

강원도 원주 출생, 계간 《가온문학》 수필부문 신인상
가온문학회 이사, 아주문학회 회원, 버드네노인복지관 시니어 기자
수필집 『바다가 미운 여자』

최종만

20년간 써 먹을 거야 외 1편

윤석규

    1986년 초 어느 주일 저녁 늦은 시간 아내와 나는 유일한 애마 프라이드를 타고 지인의 조문을 다녀오던 중 교통사고를 냈다.

    동작대교 남단에서 반포 쪽으로 좌회전하며 마주 오던 버스를 미처 보지 못하고 버스 앞부분과 부딪히는 사고를 낸 것이다. 나는 평소 과속을 하는 편이지만 신호등 없는 좌회전 길이라(얼마 후 신호등 설치됨) 속도를 줄였으나 버스와 충돌한 내 소형차는 동작동 국립현충원 앞 2~3미터 높이의 지하차도로 추락하고 말았다. 요즘처럼 오가는 차가 많았더라면 2차 사고를 당하였을 뻔한 상황, 정신을 차리고 거꾸로 뒤집힌 차에서 내려 아내를 조심스레 끌어내었다. 인근에 있던 사람들이 "죽은 거 아냐?" 웅성거리며 다가오다가 내가 걸어 나오는 것을 보고 달려와 차를 일으켜 세워 주었다. 참으로 고마운 인심이다.

    차는 추락한 충격으로 윗부분이 쭈그러져 정비소로 견인되어 갔다. 아내는 급히 인근 병원으로 옮겨졌다. 진단 결과 왼쪽 갈빗대가 부러졌다. 사고로 인한 부상은 곧 아물었으나 검사를 받는 과정에서 당뇨병이 발견되었다. 새옹지마, 인생의 길흉화복은 항상 바뀌어 헤아릴 수 없다더니 건강검진이 익숙

하지 않던 시절 교통사고 때문에 당뇨병을 조기에 발견했으니 어쩌면 다행스러운 일이었다.

아내는 곧 국내 대형병원의 유명한 내분비내과 교수를 소개받아 당뇨병 관리를 시작하였다. 약 15년 정도 경과되던 어느 날 검진 중에 당뇨 합병증으로 인한 신장에 문제가 생긴 것이 발견되어 신장내과의 치료를 함께 받아야만 했다.

신장병은 이식을 통하여 치료할 수 있음을 알기에 주치의에게 "내 신장 한쪽을 떼어주면 안 될까요?" 물었으나 둘 다 나이가 많아 불가능한 상황이라 하여 아내 홀로 힘든 투병의 길에 접어들었다.

당뇨병은 현대의학으로는 불치병이다. 식이요법과 운동으로 관리를 잘하는 것이 치료법이고 합병증을 막는 길이다. 아내는 다른 사람들보다 단기간에 당뇨 합병증이 왔고 만성 콩팥병으로 진행되었다. 어쩌면 내가 곁에서 제대로 관리를 못해준 것 같아 애처롭기만 하다.

2014년 1월 신장내과 정기 검사를 받고 온 아내가 갑자기 머리가 깨지는 듯하다고 호소하였다. 나는 바로 아내를 병원으로 데려가려고 하였으나 머리를 끈으로 동이고 고통스러워하면서도 조금만 더 참고 기다려 보겠단다. 옆에서 아내 모습을 바라보며 도울 수 있는 일이 없음에 마음이 아파 애만 태우다가 결국 통증이 더 심해져 저녁 무렵에서야 병원에 갔다. 주치의는 위장에 문제가 있는 듯하다며 소화제를 처방해 주었으나 통증은 더 심하여 응급실로 갔고 결국 중환자실로 이송되었다. 위장병이 아니라 폐부종이었다.

일주일 정도의 폐부종 치료를 한 후 정신이 혼미한 상태에서 일반병실로 옮긴 아내는 인공신장 투석을 위한 인조혈관을 심는 수술을 하고 한 달여 후에 퇴원하였다.

의사의 오진을 경험하고 나니 지금까지 아내의 오랜 투병 생활이 의사들이 제때, 제대로 된 처방을 못 했기 때문이 아닌지 생각이 들기도 한다. 평소 건강관리를 소홀히 한 아내와 내 탓도 있겠지만 이름 그대로 '종합병원'의 종합적인 치료관리 체계가 불충분해서 합병증이 빨리 왔을 것이라 하는 불신감도 없지 않다. 그러나 남을 탓하여 무엇하랴!

계속되는 정기 신장 투석, 중증 당뇨병으로 한쪽 다리를 절단하고 보행이 어려운 아내의 휠체어를 끌며 나는 아내의 손발이 되어 10여 년 넘게 간병하고 있다. 내 나이 이제 여든여섯, 아내는 나에게 "40년 넘게 당신을 섬겼으니, 나도 앞으로 20년간은 당신을 써먹을 거야" 하고 인공혈관 수술하고 퇴원하면서 했던 말이다. 20년이 아니라 더한 날이라도 생명이 있는 한 아내를 기쁘고 즐겁게 돌보며 알콩달콩 행복을 누리며 살련다.

인생을 좌우하는 것은 학력이 아니다

"빵" 한 발의 총성이 울린다. 나는 그 자리에 힘없이 쓰러지고 말았다. 다리에서는 피가 줄줄 흘러 옷을 적시고 있었다. 내가 이대로 죽는 것인가. 두려움이 나를 짓눌렀다. 어떤 조치도 할 줄 모르니 더더욱 무서웠다. 그때 헌병 완장을 찬 군인이 뛰어왔다. 그는 '너 나 알아' 하고 물었다. 모른다고 하면 나를 그냥 버리고 갈 것 같아 얼떨결에 안다고 대답했다. 그는 간단하게 지혈 조치를 하고 나를 둘러업었다. 그리고 김제 읍내쪽으로 뛰었다. 역 근방 여인숙에 나를 눕히고 나간다. 붕대와소독약을 구해와서 총상에 응급조치를 해주었다.

그날은 중학교 졸업을 석 달쯤 앞둔 12월 어느 날 하교하는길이었다. 김제에서 집이 있는 황산면 난봉리로 가는 초입에동진강을 가로지르는 다리가 있다. 그 다리 건너에 어릴 때부터 절친이 살고 있었다. 친구는 고등학생이고 나는 가정 형편상 입학이 2년 늦은 중학생이었다.

친구 집에서 놀다가 저녁 어스름이 질 때에야 할아버지 집으로 향했다. 할아버지는 황산면 두월리에서 김제로 가는 둑길 중간쯤에 할머니와 함께 살고 계셨다. 두월천은 동진강의지류다. 친구 집에서 할아버지 집으로 가려면 둑 길을 2킬로

160

쯤 빙 돌아서 걸어야 한다. 나는 길을 택하지 않고 들판을 가로질러 대각선으로 뛰었다. 그렇게 가면 500여 미터밖에 안 되는 거리기 때문이다. 겨울에는 논이 말라 있어서 통상 많이 다녔던 나만의 지름길이다. 친구 집 쪽에서 "야 잠바 입고 가" 하는 소리가 나서 힐끗 뒤돌아 봤다. 친구가 옷가지를 휘두르며 소리친다. 내가 놀면서 벗어 두고 온 점퍼다. 그냥 놔두면 내일 다시 들르겠다 소리쳤지만 내 말이 들리지 않았는지 계속 소리가 들렸다.

여름철 홍수를 대비하여 우마차가 다닐 만큼의 길과 밭으로 이루어진 꽤나 넓은 둑 위로 막 기어올라 일어서려는데 저쪽에서 "거기 서 손들어" 하는 소리가 들린다. 무슨 일인가 싶어 어리둥절하고 있었다. 그때 그 군인은 내 허벅지를 향해 권총을 발사했다. 훗날 뒤에서는 손을 흔들며 소리 지르고 나는 흘깃흘깃 뒤돌아 보면서 뛰어오는 모습이 흡사 도망자로 여겨 총을 쏘지 않았나 하는 생각이 들었다.

총알은 왼쪽 허벅지 중간에서 엉덩이 고관절 바로 밑 근육을 관통하였다. 근육만을 뚫고 나갔기에 망정이지 조금만 위로 향했다면 뼈에 맞아 장애인이 될 뻔했다. 천만다행이었다.

그 여인숙에서 사흘을 보냈다. 선배는 낮에는 나갔다가 저녁때 들어와 다리에 간단한 치료를 하고 나간다. 총구멍을 빨간약으로 소독하고 무엇인지 알 수 없는 가루약을 뿌리고 붕대를 감았다. 식사는 무엇을 어떻게 먹었는지 기억이 나지 않는다.

3일째 되는 날 여인숙 주인의 도움을 받아 부모님께 연락을 취했다. 내가 항상 집에만 있었더라면 실종된 것을 금방 알았을 텐데…, 그러나 할아버지 집에 자주 가 있었기에 모르고 계셨을 것이다. 부모님이 황급히 달려오셨다. 마침 그 선배도 같이 있었다. 어떤 대화가 오갔는지는 알 수 없다. 다만 나는 병원에 입원하지 않고 그 선배 집으로 갔다. 선배가 군인이라 병원에서 치료하게 되면 사건이 커져 선배 신상에 영향을 주기 때문에 자가 치료를 승낙했다고 아버지께서 말씀해 주셨다.

3개월여의 자가 치료 끝에 총상이 아물었다. 꽤나 많이 걸린 기간이다. 서부영화를 보면 총상을 입은 총잡이가 구출되어 며칠 치료하면 활동하는 모습들을 보았는데 나는 너무나도 오래 걸렸다. 의사 없이 선배 어머니가 매일 빨간약으로 소독하고 하얀 가루약만으로 치료랍시고 했으니 그럴 만도 했다.

치료 기간에 동창생들도 찾아오고 형제들도 문병을 왔지만 하루 이틀이지 홀로 있는 때가 많았다. 너무나 외롭고 답답하고 쓸쓸하였다. 총상으로 인한 통증은 심하지 않아 다행이었다. 그런데 그 많은 날 동안 나는 아무 생각 없이 허송세월을 보내고 있었으니 지금 생각하면 한심하기 짝이 없는 작태가 아닐 수 없다. 그때 책이라도 읽어두었으면 좋았을 걸 하는 아쉬움이 있다.

오랫동안 거의 움직임 없이 방바닥에 누워만 있었으므로 다리에 힘이 없어 걸을 수가 없었다. 한 달여에 걸쳐 벽을 잡고 걸음마 연습을 했다. 지금처럼 목발이 있었으면 치료 중에 걸음 연습을 했을 텐데 말이다. 또 병원에 입원하였으면 치료가

훨씬 빨랐을 것이다. 부모님이 자가 치료를 허락하신 진실을 무덤까지 가지고 가셨으니 영원히 알 수 없게 되었다.

나는 중학교 졸업장이 없다. 왜냐하면 졸업식에 참석을 못 했기 때문이다. 부모님은 어차피 고등학교에 보낼 형편도 안되니 중학교 졸업장이 불필요했을 것이다. 나 역시 고등학교 입학시험을 치를 시기를 놓쳤으므로 아예 진학할 생각도 하지 않았다. 내게 주어진 환경은 나를 자포자기하게 만들었다. 어릴 적 나라의 동량이 되겠다고 마음먹었던 꿈은 그렇게 멀어져만 갔다.

총상으로 군 입대가 안될 줄 알았지만 신체검사에서 아무런 이상이 없다는 판정을 받아 입영하게 되었다. 5.16 군사혁명을 훈련소에서 맞았고 이등병으로 시작해 장기 복무를 신청, 하사가 되었다. 중사 진급 때가 되었는데 진급이 안되었다. 나는 이것을 기회로 삼아 장교 시험에 응시하였다. 중졸 학력이었지만 합격했다. 한겨울 3개월간의 혹독한 훈련을 받고 1967년 3월 육군 소위로 임관하였다. 주로 힘든 전방부대에서만 복무하다가 소령으로 20년의 군생활에 마침표를 찍었다.

전역한 후에도 이런저런 고난이 겹쳐 생활고에 시달리고 있었다. 마침 군부 정권 당시 시행된 비상 계획관 시험이 있었다. 내게 다시 기회가 주어졌다. 여기에 응시하여 당당히 수석으로 합격하였다. 5급 상당의 직위로 임용되어 상공부에서 7년간 재직하였다. 임기를 마친 후 정부 산하 기관인 산업기술 정보원에서 60세에 정년을 맞아 공직생활을 마무리했다.

그리고 다시 공부를 시작했다. 총신대학교 평생교육원 독서지도자 과정을 수료하고 글쓰기를 배웠다. 그 후 꾸준히 시와 수필을 써왔다. 2017년 11월 계간 《기독교 문예》에서 시 부문 신인상을 수상하였다. 2023년 12월에는 계간 《가온 문학》에서 시 부문 신인상을 받았다. 2024년 12월에는 한국문인협회 광주지부에서 수필 부문 신인상을 받았다.

　이제 80 중반을 넘은 나이에 문인의 길을 걷고 있다.
　나는 말하고 싶다. 학력이 인생을 좌우하는 것이 결코 아닌 사실을.
　어떤 유명 인사는 정치인 배우자의 학력을 끄집어내 그 인격을 비하하기도 한다. 학력은 인격을 형성하는 과정의 한 부분일 수 있으나 그것이 전부가 아닐 텐데 말이다. 그보다 더 중요한 건 올곧은 마음가짐이다. 그런데 세상은 여전히 학력을 중시하는 현실이 매우 안타깝고 씁쓸한 생각이 들기도 한다.
　인생을 이끄는 건 결국 '자기 계발'과 '끊임없는 배움'과 '노력'이다. 창조주는 누구에게나 재능을 주셨고, 그것을 어떻게 계발하고 사용하느냐에 따라 삶의 깊이가 달라질 것이다.
　지금 이 순간도 나는 배우고 익히고 있다. 그리고 말한다. 배움은 졸업장이 아니라 삶을 향한 끈기에서 시작된다고. 인생의 길목에서 올곧은 마음으로 살아가고 있는 이들에게 밝은 내일이 펼쳐지길 간절히 소망한다.

선택해야 할 때 외 1편

조종수

 상을 준다고 행사에 참석해 달라는 연락을 받았다. 매번 오후 4시에 행사를 개최해 왔는데 이번에는 오전 11시에 개최한단다. 3시간 거리의 시골에서 제시간에 도착하려면 최소한 8시에는 출발해야 하지만, 차가 내 맘대로 있는 건 아니다. 먼저 기차 시간을 알아보니 오전 7시 27분에 출발하는 차는 9시 35분에 용산역에 도착하고, 8시 16분 차는 10시 33분에 도착한다.

 그런데 용산역에서 내리면 행사장이 있는 종로 3가까지는 지하철로 이동해야 하며, 최소한 30분은 걸린다. 또 집에서 출발하여 기차를 타러 역으로 가는 시간을 고려하면 8시 16분 기차가 제격이지만, 행사장에는 가까스로 도착하거나 조금 늦을 것이고 7시 27분 기차는 너무 일찍 도착하게 될 것이다.

 하지만 상을 준다는데 헐레벌떡 도착하거나 지각하면 예의가 아니므로 7시 27분 기차표를 예매했다. 나름 잘한 결정이라고 생각하며 그날이 오기만을 기다리고 있는데 코레일로부터 한 통의 문자가 왔다. 철도파업으로 내가 예매한 기차는 운행하지 않으므로 예약을 취소해 달라는 내용이었다. 아닌 밤중에 홍두깨라더니 참으로 황당했지만, 아쉬운 사람이 알아서 조치해야지 도리가 없었다.

8시 16분 기차를 예매했을 때 11시까지 27분의 시간이 있으므로 지하철을 타면 제시간에 도착할 수 있을지 연구하고 또 연구했지만 아무래도 조금은 늦을 것 같았다. 그때 문득 고속버스는 어떨지 하는 생각이 들었다. 급히 인터넷으로 조회해 본 결과 오전 8시 출발 버스가 있었는데 서울 도착시간이 9시 40분이었다. 이 정도면 넉넉하게 도착할 수 있을 것 같아 즉시 예매했다.

그리고 행사 당일, 터미널로 가서 고속버스를 탔다. 버스는 널찍한 공간에 안락한 의자, 큼직한 텔레비전 화면 등 최신식 설비를 갖춘 28인승 우등버스였다. 기차에 비하여 훨씬 편하고 도착시간도 크게 단축할 수 있어 그야말로 최고의 선택이었다.

드디어 버스가 출발하고 승객들은 대부분 머리를 의자에 붙이고 눈을 감았다. 텔레비전은 켜져 있었으나 기사는 승객들의 수면에 방해가 되지 않도록 소리가 거의 나지 않게 볼륨을 줄여 놓았다. 새벽에 일어나 식사하고 집을 나선 덕분에 피로가 밀려왔다.

얼마만큼 시간이 지났을까? 갑자기 덜커덩하는 소리에 눈을 떴다. 차창밖에는 차들이 점점 밀집되어 가고 있었다. 서울까지는 갈 길이 먼데 차간 거리가 점점 좁혀지더니 급기야 가다 서다를 반복한다. 서울 센트럴시티 터미널에 도착하면 주어질 1시간 20분의 여유시간이 점점 줄어들고 있다.

시간은 하릴없이 흘러가고 있지만 그저 정체가 풀리기를 바랄 수밖에 어쩔 도리가 없다. 그렇게 30분이 지나자, 차들의 움직임이 조금씩 빨라졌다. 갓길에 정차하여 대기하고 있는 견인차가 여러 대 있는 것으로 보아 앞쪽에 교통사고가 일어났던 것 같았다.

여유시간이 반으로 줄어있다. 사고 수습이 끝났는지 차량의 흐름이 원활해지고 버스는 그동안 못 달린 분풀이라도 하듯이 있는 힘껏 속도를 냈지만, 터미널에 도착한 시간은 기차 도착 예정 시간과 비슷하다. 빠른 걸음으로 달리듯이 역으로 가서 지하철을 탔으나 정차역이 많아 행사 시간을 15분이나 넘겨 도착하는 실례를 범하고 말았다.

사실, 6시 59분 기차도 있었다. 파업으로 운행 취소된 기차보다 단지 28분 일찍 출발하면 되었지만, 나는 몸이 편한 쪽을 택했다. 조금 더 자려고 도착 예정 시간이 지켜질 것으로 기대하며 요령을 피운 것이다.

하지만 아무리 머리를 굴려도 일이 생각한 대로 돌아가지 않는 것이 사람 사는 일이다. 쑥스럽게 자리에 앉으면서 좀 일찍 일어나 도착시간이 확실한 기차를 타지 않은 것을 후회했다. 그리고 뭔가를 선택해야 할 때 변수가 많은 쉬운 길보다 몸이 고달프더라도 확실한 길을 선택해야겠다는 생각이 들었다.

타인의 경험

  등산길에서 가끔 커다란 배낭을 메고 산에 오르는 사람들을 볼 때가 있다. 처음에는 도대체 뭐 하려고 그렇게 많이 짊어지고 산에 오르는지 궁금했지만, 차츰 산에서 야영할 사람이라는 것을 알게 되었다. 산이 커서 하루 코스로는 목적지까지 다다르지 못할 때 부득이 야영할 수밖에 없다. 그래서 텐트와 침낭, 물과 음식 등 필수 품목을 배낭에 넣어야 하므로 커다란 배낭이 필요한 것이다.

  언젠가 한 번 지리산 천왕봉에 올랐던 일이 있다. 당일 코스로는 엄두가 나지 않아 미루어 왔었는데 지인의 도움으로 1박 2일로 가게 된 것이다. 중산리에서 점심을 일찍 먹고 출발하여 장터목 대피소에서 숙박하고 다음 날 새벽, 천왕봉에서 일출을 본 뒤 하산할 계획이었다.

  이날 저녁 먹을거리로 채워진 배낭을 메고 가는 산행 길은 고행의 연속이었다. 차오르는 숨을 참고 흐르는 땀을 닦아내며 남겨둔 발자국마다 참을 인(忍) 자가 새겨진 듯하다. 힘에 부쳐 포기하고 싶지만, 일행들이 묵묵히 올라가고 있으므로 그만 하산하자는 말은 차마 꺼낼 수 없었다. 더욱이 몇 배 더 큰 배낭을 메고 묵묵히 가고 있는 사람들이 나를 추월하고 있다. 이래저래 체면을 지키기 위해 안간힘을 쓰고 있는데 어느

덧 장터목이다.

천신만고 끝에 도착해 보니 대피소 밖 야외용 탁자에 먼저 도착한 등산객들이 저녁 식사를 하며 석양을 감상하고 있다. 우리도 빈자리가 없어질까 염려하여 서둘러 자리를 잡고 배낭을 풀었다. 그리고 가져온 음식을 먹으며 서로에게 올라오길 잘했다는 동의를 구했다. 생애 처음 가져본 1박2일 산행의 낭만을 위해 땅거미가 어둠을 불러올 때까지 이야기꽃을 피우다가 숙소로 들어갔다.

숙소는 군대 내무반의 긴 평상 형태로 되어있으며, 예약 번호표가 붙어있는 공간에 누우면 된다. 개방된 공간에 많은 사람이 나란히 누워서 잠을 자다 보니 부스럭거리는 소리, 코 고는 소리가 여과 없이 들려온다. 더 심각한 것은 별도의 취침시간이나 입소시간이 없다 보니 누군가 들어와 짐을 내려놓는 소리가 잠들만하면 아주 가까이에서 들린다는 점이다. 지난 초저녁에 있었던 낭만적인 느낌이 사라져 갔다.

이튿날 아침 천왕봉에 올라 일출을 감상하고 하산길에 접어들었지만, 잠을 설쳐서인지 컨디션은 정상이 아니었다. 이따금 커다란 배낭을 멘 사람들이 발걸음 가볍게 추월해 내려가는데 아마도 산정 부근에서 야영한 사람들일 것이리라. 이들은 독립된 공간에서 편안하게 잠잤을 것이다. 갑자기 부럽다는 생각이 들었다.

그로부터 여러 해가 지났다. 언제부터인지 TV에서 텐트 치고 야영하는 프로그램이 자주 방영되었다. 유명 연예인, 특전사 출신 등 채널마다 다양한 분야의 사람들을 출연시켜 흥미를 자극했고, 결국 나에게도 야영하러 가자는 지인들의 제안이 들어왔다.

우선 텐트가 필요했다. 지인들은 가격보다 질이 좋은 제품을 사라고 권했지만, 저렴한 가격이 강점인 A사의 2인용 텐트를 16만 원에 샀다. 그리고 1박2일 프로그램에서 방영됐던 외연도에 있는 해변 야영 데크에 텐트를 쳤다. 지인들은 유명상표를 부착한 백만 원 내외의 텐트를 가지고 왔지만 상관없었다. A사의 말대로 가성비가 높을 것이기 때문이다. 달빛 젖은 파도 소리를 들으며 밤늦도록 이야기꽃을 피우다 잠이 들었다.

그리고 새벽, "툭, 툭" 무엇인가 몸에 떨어지는 것이 느껴졌다. 늦잠을 잤으므로 무시하고 최대한 잠을 자다가 밝은 기운이 텐트 안으로 들어와 눈을 떴다. 천장에 물방울이 맺혀있었다. 내부 텐트는 그물망(모기장)으로 되어있어 외부의 차가운 공기와 내부의 따뜻한 공기가 만나는 천장은 결로가 발생할 수밖에 없는 구조이므로 당연한 일이었다. 갑자기 텐트에 대한 애착이 사라지기 시작했다.

내부와 외부가 천으로 된 텐트를 구입해야겠다는 생각이 들었다. 이중구조이므로 보온에도 강하고 결로 문제도 해결될 것이기 때문이었다. 그래서 인터넷 쇼핑몰에서 적당한 것을 찾아보니 B사 제품의 가성비가 좋은 것 같았다. 태풍급 강풍에도 끄떡없고 바닥은 10,000mm, 외부는 3,000mm의 내수압을 자랑한다는 제조사의 설명이고 보면 이보다 더 좋은 텐트는 없을 듯 보였다. 이번에는 좀 넓은 것이 좋겠다 싶어 32만 원을 주고 3~4인용으로 구입했다.

드디어 지인들로부터 연락이 왔다. 이번에는 바닷가 캠핑장이었다. 좀 무거운 감은 있었지만 얼마 걷지 않았으므로 문제가 되지는 않았다. 더욱이 이중구조 텐트와 넉넉한 공간은 아늑한 느낌을 주었다. 물론 대만족이었다. 그런데 야영 용품으로 가득한 배낭을 메고 산행을 할 때 문제가 발생했다. 무릎이 편치 않았던 것이었다. 목적지까지 가면서 무릎에 이상을 느껴 몇 번이나 쉬었는지 모른다.

　사계절 쓸 수 있고 결로가 없으면서도 가벼운 텐트가 필요하다는 것을 알았다. 이번에는 가격보다는 제대로 된 것을 사야겠다는 생각이 들었다. 그런데 보통 쓸만한 것은 백만 원을 훌쩍 넘는다. 눈 딱 감고 사고는 싶지만, 주머니 사정이 넉넉지 않아 망설여졌다. 누군가 사용한 것이라도 저렴한 중고품에 관심이 갔다. 중고매매 사이트에 적당한 텐트가 많이 있었다. 하지만 맘에 드는 물건은 이미 거래가 완료되고 없었다. 그렇게 2주를 기다렸으나 사고 싶은 제품은 나오지 않았다.

　할 수 없이 약간 저렴한 제품을 사기로 했다. 여러 사이트를 검색한 결과 비교적 괜찮을 것 같은 C사의 제품 중 80만 원짜리를 50만 원에 판매한다는 쇼핑몰을 발견했다. 중고 제품도 50만 원으로 나왔었으니까 무조건 사야 했다. 다행히 3개월 무이자 할부도 가능하여 더 이상 망설이지 않고 일을 벌이고야 말았다. 그리고 다음 날 아침 9시경 한 통의 문자가 날아들었다. 오늘 오후에 택배 배송을 한다는 내용이었다. 판매자도 나만큼 급하다는 생각이 들었다. 아니면 내가 변심하여 주문을 취소할까 봐 지체 없이 발송했는지도 모른다. 아무튼 신속하게 배송받은 텐트를 거실에 설치했다. 아무런 이상이 없을 뿐 아니라 보통 가벼운 것이 아니었다.

　드디어 만족스러운 텐트를 갖게 되었다고 기분 좋게 수납장을 열었다. 백패킹 갈 때까지 보관하기 위해서다. 그런데 그동안 사놓은 두 개의 텐트가 보관되어 있다. 16만 원과 32만 원 그리고 이번에 구입한 50만 원을 합치면 98만 원이다. 지인들의 폼 나는 백만 원짜리 텐트와 맞먹는 금액이다.

처음부터 백만 원짜리 텐트를 구입했으면 좋았을 것을 친구들의 경험을 무시하고 내 생각이 옳다고 고집한 결과다. 나의 이러한 시행착오를 친구들에게 이야기했더니 자기들도 그렇게 해서 안 쓰는 텐트가 대여섯 개는 있다고 한다. 당장 눈앞의 큰 금액이 아깝다고 귀를 막아서 생긴 일이다. 비싼 수업료를 내고서야 타인의 경험을 경청해야 하는 이유를 알게 되었다.

대합실 신방 외 1편

최종만

 부산행 열차에 승무 중이었다. 검표가 끝나고 승무원 석에 앉아 안내양과 승무에 관한 이야기를 나누고 있었다.
 너덧 살은 되었을 어린이의 손을 잡고 지나던 젊은 여인이 멈칫거리며 바라보더니 "저 전무님 혹시…"하며 말을 흐린다. 네, 무슨 할 말씀이라도 있으신가요 하니, "혹시 원주 치악산 밑에 있는 모 역에 계시지 않으셨나요." 한다. 맞다고 하였더니, 반갑다며 몇 년 전 그 역 대합실에서 자고 간 사람이라고 하며 자기소개를 한다.

 깊어가는 가을 낙엽이 바람에 날려 우수수 떨어지고 있었다. 해가 서산마루를 베고 누울 어둑어둑해질 녘의 시골역이라 여객열차가 다 끊어져 아무도 찾아오지 않을 시간대였다. 그때 빈 대합실의 문을 열고 들어서는 손님이 있었다. 대합실은 썰렁했다.
 당시 이 역에서 역무원으로 근무 중이던 나는 대합실로 통하는 창문을 열고 내어다 보며 그들에게 어디를 가려고 하느냐고 물어보았다. 그들은 서울에서 왔는데 숙소를 찾으니 아무 데도 잘만 한 곳이 없어 이곳으로 왔다고 하며 여기서 밤을 새우고 가도 되겠느냐고 한다. 아니 침대도 없고 이부자리

173

도 없는데 어떻게 이곳에서 쉬고 가려느냐고 하니 그래도 갈 곳이 없으니 어떻게 하느냐고 한다. 그들은 약혼한 사이인데 놀러 왔다가 시내로 가려도 차편도 없고 해서 여기로 찾아왔다고 했다.

이곳은 원주 치악산 중허리로 중앙선 선로가 지나는 전국적으로도 특이한 똬리굴 옆에 있는 시골 역으로 도로에서 30여 m쯤 높은 곳에 있었다. 인근에는 민가도 없다. 해도 넘어간 시간대라 어디로 가라고 할 수도 없었다. 그러나 쓸쓸한 대합실에 사람을 머물게 하려니 아무래도 신경이 쓰였다.

유리창 너머로 이따금씩 넘겨다보니 좁은 나무의자에 웅크리고 앉아 있는 그들이 안쓰러워 보였다. 저 좁고 딱딱한 의자에서 어찌 밤을 새우게 할까. 생각다 못해 의자 몇 개와 담요 2장을 가져다주고 대합실 의자에 맞붙여 놓고 이용해 보라고 했다.

그들은 감사하다며 꾸뻑 인사를 한다. 그렇게 하고 나니 무슨 큰 자선이나 한 것처럼 마음이 좀 누그러졌다. 그들은 담요 한 장은 깔고 한 장은 덮고 둘이 바짝 붙어 체온을 녹이고 있었다. 그리하여 약혼인인 그들에게 신방을 차려 주었다. 그들에게 평생 처음으로 제공된 '초야의 밤'이었다.

날이 밝으니 그들은 일어나서 의자며 담요를 가져다 반납하고 대합실 청소도 깨끗이 해주었다. 그리고 역사 주위의 청소도 같이 했다. 그러니 한 식구가 된 듯했다.

우리는 아침밥을 넉넉히 하고 라면을 끓여 같이 먹자고 했다. 라면을 끓여주며 이것은 '신혼 축하 국수'이니 먹고 오래오래 잘 살아야 된다며 덕담도 해 주었다. 그들은 얼굴을 붉히고 서로 쳐다보며 "두고두고 기억하겠습니다."라며 고마운 표정을 지었다.

아침 해가 솟아오르니 산 그림자가 점점 짧아지며 산 밑에 있는 역사에도 밝은 빛을 밀어 넣고 있었다. 역사 곁에 만들어놓은 화단에서 국화향기가 은은하게 퍼지고 선로 변에 코스모스가 고개를 까닥이며 춤을 추고 있었다. 화단가에 심어놓은 단풍나무도 그들 남녀의 만남을 축복해 주는 양 새빨간 박수를 보내며 고개를 까딱이고 있었다.

"조금 전 검표를 하실 때 어디서 본 듯한 얼굴인데 생각이 안나더니 지나간 후에 기억이 나데요. 반갑습니다." 하며 깍듯이 인사를 한다. 그녀는 서울이 집인데 아기 아빠가 부산에 직장이 있어서 지금 부산으로 가는 길이라고 했다. 그녀는 특실 8호가 좌석이라고 했다.

부산에 도착하자 그녀는 대합실에 있겠으니 볼일 보고 오시라며 기다리고 있겠다고 했다. 열차 사무소에 들렀다 나오니 그녀는 그때까지 가지 않고 기다리고 있었다. 남편을 나오라고 했으니 잠시만 기다려 달라고 한다. 알았다며 돌아서는데 그 남편이 대합실로 들어왔다.

그리하여 차장과 안내양까지 함께 자갈치 시장으로 갔다. 비릿한 내음이 물씬 풍겨오는 바닷가에 자라잡고 앉아 뱃고동 소리와 함께 날아드는 '부산갈매기'의 합창을 들으며 특별한 '자갈치의 맛'을 음미했다.

그들은 그날 대합실에서의 일을 평생 잊을 수 없다고 했다. 그날 빌려주신 담요는 어느 금침보다도 따뜻했으며, 아침에 끓여 주신 라면이 인연 줄 되어 결혼에 '꼴인'하고 아이까지 얻게 되었다고 했다.

신방이 되었던 대합실, 지금은 사라지고 없는 역(2021년 원주~봉양 구간 폐선), 다시 볼 수 없는 정경, 세월에 묻혀버린 추억을 들추어 본다.

우연한 도움이 이렇게 아름다운 인연이 될 줄이야. 그래서 사람은 어디서나 좋은 기억으로 남도록 처신해야 된다는 교훈이 되었으며 내 삶의 지표가 되었다.

졸못동 모임

치악산과 손을 마주 잡고 있는 백운산 계곡은 한여름에도 시원한 물줄기로 더위를 잊게 했다. 우리는 원주 신림 간 가리파 고개 아래 계곡에서 해마다 '졸못동' 모임을 가졌다. 졸못동이 무엇이냐고. 그 말은 사전에도 없는 단어로 '졸업하지 못한 동창'의 줄임말이다.

1945년 봄 나는 일제 말기에 일본 소학교에 입학을 했다. 처음 학교에 들어가서 일본어를 배웠으며 일본 이름으로 불러야 했고 싫어도 일본 말을 사용해야 했다. 그러다가 일 학기를 마치고 여름방학에 들어갔다.

방학 중에 그 역사적인 8.15 해방을 맞았다. 그때는 어려서 무엇이 무엇인지 잘 알지도 못했다. 일본의 굴레에서 벗어났다니 그냥 좋았다.

팔월이 지나고 구월에 다시 해방된 우리나라 '국민학교' 일학년에 입학을 했다. 그리하여 우리의 본 이름을 되찾아 부르게 됐다. 또 하기 싫은 일본 말은 하지 않아도 되고 마음대로 우리말을 하고 우리글인 한글을 배우니 기쁘고 재미있었다.

그 뒤 1950년 6학년에 올라가자마자 6월 25일 북한이 남침을 감행하여 전쟁의 소용돌이에 휩싸여 버렸다. 북한군과 아군이 전진 후퇴를 되풀이하다가 38도선 부근에서 치열한 전

투를 하고 있을 때였다.

그러니까 1951년 봄 학교에서 수업을 한다고 나오라고 해서 학교엘 나갔다. 학교 건물은 다 불타버리고 교실도 없는 운동장에 모여 버드나무 그늘에 칠판을 걸어놓고 수업을 며칠 받았다. 학생이라야 한 반에 대여섯 명이 고작이었다. 그렇게 수업을 며칠 받다 보니 6학년 학생들은 중학교에 입학시험을 보러 가라고 하여 응시하여 중학교에 입학을 했다.

중학교는 4월 1일(1951년) 개학을 했다. 그야말로 중학교 뺏지를 달고 '中' 자를 붙인 모자를 썼다. 그러나 학교는 없었다. 중학교도 학교 건물이 모두 불에 타 버려 남산(원주)에다 군인 야외 교육장 모양의 계단식 교습장을 만들고 학교 가건물假建物이 완성될 때까지 그곳에서 수업을 받았다.

전쟁이 터지기 전에 다니던 6학년 학생은 60여 명이었는데 졸업을 한 학생은 단지 4명뿐이었다. 그중 남학생은 단 한 명이었다. 중학교에 진학한 4명은 다음 해에 학교로부터 졸업장을 받았다. 그 외 몇 명을 제외한 대부분의 학생들은 졸업도 못하고 학업을 중단하고 말았다.

1990년대 초 어느 날. 옛날, 같은 반에서 공부를 하던 친구들 몇 명이 모여 졸업을 못한 학생을 포함하여 동창 모임을 갖기로 논의되어 수소문하여 연락처를 알아 모임을 갖게 되었다. 50년 만에 이 특별한 동창회에 참여한 동창들은 30여 명에 이르렀다. 학교 다닐 때 보고 처음 보는 친구들도 많았다.

대개의 사람들이 초, 중, 고, 대학 동창회 중에 초등학교 동창회가 가장 기억이 새롭고 뜻있는 모임이라 했다.

대부분의 친구들이 졸업도 하지 못하고 성장해 생활하다가 동창이란 이름으로 모였던 것이다. 이 졸업하지 못한, '졸못동', 말 구성도 잘되지 않는 어색한 동창 모임이다. 다른 지역이나 다른 시대에는 상상이 안 되는 동창회가 아닐까. 접전지역이었던 특정 지역에다 전쟁이 할퀴고 간 상처를 간직한 모임이라는 데 특별한 의미가 있을 게다.

진학을 못한 학생들은 왜 학업을 중단해야 했을까. 전후에 이 지역 주민들의 가정은 대부분이 집을 비롯하여 저장해 놓았던 곡식까지 전화戰禍에 다 불타 버렸다. 그러니 당장 입에 풀칠도 못하는데 국민학교인들 보낼 수 있었을까. 당시는 국민학교도 '사친회비'라고 하여 수업료를 내야 했다. 흔히 보릿고개가 힘들었다고 하지만, 이렇게 불타버리고 포화에 폐허가 된 지역에서 보릿고개란 따로 없었고 그 말은 허기진 이야기에 불과했을 게다. 그 어려운 여건을 버티고 살아남은 것만도 천만다행한 일이 아닐 수 없다.

우리는 초기에 만나서 서로 안부를 물었고 위로하며 그간의 살아온 이야기로 꽃을 피웠다. 그래도 그들은 다 나름대로 자기 영역에서 가정을 꾸리고 아들, 손자, 며느리와 함께 단란한 가정에서 살고 있었다.

이름도 어색한 '졸못동창회' 이는 전쟁의 후유증으로 우리가 사는 특정지역에 한정된 우리 세대만의 아픈 옹이가 아니었나 싶다.

그나마 한 이십오륙 년 우리는 모임을 이어 왔다. 그런데 몇 년 전부터 그 모임마저 와해되고 말았다. 회장을 하던 친구가 나이 탓으로 회장직을 내놓고 이래저래 인생 졸업한 친구들이 태반을 넘다 보니 그 '졸못동'마저 모이지 못하고 이제 흘러가는 세월만 꼽아보고 있다.

　이 땅에 전쟁이란 참화만 없었더라도 우리도 한 세상 멋지게 살았을 터인데 말이다.

　그러나 우리는 그것이 운명이려니 받아들였지만 더 이상 어떠한 명분으로도 이 땅에서 전쟁이란 몰지각한 행동은 없어야 할 것이며 우리 세대가 마지막이야 할 것이다. 이 땅에서 전쟁이란 단어를 다시 되뇌는 일이 없기를 바라는 마음 간절하다.

월요일의 달

1판1쇄 : 2025년 9월 1일
발행일 : 2025년 9월 10일
지은이 : 가온문학회 회원
펴낸이 : 김정현
펴낸곳 : gaon

주 소 : 경기도 문학창의도시 부천 길주로 460, 1106호
전 화 : 032-342-7164
팩 스 : 032-344-7164
E-mail : 906kjh@naver.com / kjsh2007@hanmail.net

출판등록 : 2011. 7. 14
ISBN : 979 -11-7535-003-8(03810)
값 · 15,000원